Maria Weinberger-Gwiggner

D1693553

Maria Weinberger-Gwiggner

Monografie anlässlich des 80. Geburtstages von Maria Weinberger-Gwiggner

Konzeption und Monografie:
Hiltrud Oman

Werkerfassung:
Nadine Löbel

Werkverzeichnis:
Hiltrud Oman

Fotografie:
Nadine Löbel

Scans:
Peter Laub

Redaktion:
Hiltrud Oman

Gestaltung und Satz:
Peter Laub

Fotonachweis:
Maria Weinberger-Gwiggner
Internationale Sommerakademie für Bildende Kunst Salzburg: S. 14 links

Herstellung:
Druckerei Roser Ges.m.b.H. & Co. KG, Salzburg

© Hadernverlag, Salzburg
ISBN 3-901451-07-2

© 2005
Alle Rechte bei Maria Weinberger-Gwiggner, Nadine Löbel (Werkfotos) und den Autorinnen und Autoren (Texte)

Printed in Austria

Mit freundlicher Unterstützung

Abbildung Umschlag Vorderseite: Kalamata, GR. 2003 (Kat.-Nr. 633)
Abbildung Umschlag Rückseite: Heller Strauß auf blauem Netzgrund. 2002 (Kat.-Nr. 565)

Inhalt

7 *Hiltrud Oman*
Maria Weinberger-Gwiggner
Malerin und Reisende im Garten des Lebens

29 *Elisabeth Thanhofer*
Maria Weinberger-Gwiggner
Nachbarin und Freundin

31 *Inge Pfeffer-Tillian*
Mei liabe Maria!

33 *Rupert Gredler*
Bemerkungen zur Malerei von Maria Weinberger-Gwiggner oder: Das Unmittelbare ist das Schwerste
Rede zur Eröffnung der Ausstellung „Sonne, Wasser und Schiffe" von Maria Weinberger-Gwiggner im Atelier Vierhauser, Salzburg, 2004

35 Maria Weinberger, geb. Gwiggner

41 Bilder von Maria Weinberger-Gwiggner

147 Bilder von Hans Urbanek

161 Maria Weinberger-Gwiggner – Katalog-Verzeichnis 1946–2005

183 Die Autorinnen und Autoren

185 Konkordanz

Mein Dank gilt allen, die an dieser Monografie gearbeitet haben.

Besonders danken möchte ich Frau Dr. Hiltrud Oman, die die Hauptarbeit vorzüglich geleistet hat. Sie hat sich intensiv und mit viel Einfühlungsvermögen mit meinem Werk auseinandergesetzt, es kritisch, stimmungsvoll und oft poetisch durch- und beleuchtet.

Maria Weinberger-Gwiggner

Hiltrud Oman

Maria Weinberger-Gwiggner
Malerin und Reisende im Garten des Lebens

Maria Weinberger-Gwiggner wurde am 28. März 1925 in St. Gilgen als jüngere von zwei Töchtern des Ehepaares Hilde Gwiggner, geb. Bacher, und Ludwig Gwiggner geboren. Die Familie Bacher zählt zu den angesehenen Familien in der Stadt Salzburg. Großvater Martin Bacher verwaltete als Forstmeister die Wälder des Stiftes Nonnberg, war Eigentümer des dreistöckigen Hauses Nonnberggasse 10, unter der Festung Hohensalzburg, mit herrlichem Blick ins Gebirge, und hatte eine große Familie zu versorgen.

Der aus Wien stammende Vater Ludwig Gwiggner begann dort das Studium des Welthandels, versuchte sich aber schon bald in der Praxis, indem er sich Anfang der 1920er Jahre in das malerische St. Gilgen am Wolfgangsee absetzte, um ein Kolonialwarengeschäft zu betreiben. Hier lernte er in der Liedertafel seine spätere Gemahlin kennen, gründete eine Familie und erweiterte seinen Delikatessenhandel mit einer Filiale in St. Wolfgang. Mit dem Segelboot wurden die Spezereien über den See geliefert. Auf Grund der allgemeinen wirtschaftlichen Notlage konnten seine Geschäfte aber nicht lange florieren, auch der Versuch, sich in München über Wasser zu halten, scheiterte. 1929 wurden die Zelte endgültig abgebrochen, und die junge Familie Gwiggner zog nach Wien-Döbling, in die Paradisgasse. Ludwig Gwiggner war als Chef der Rezeption zunächst in den ersten Hotels am Semmering angestellt, später in Seefeld, in Zell am See und im Hotel Franz-Josef-Haus am Großglockner. Sein früher Tod im Alter von lediglich 46 Jahren in Wien traf die Familie sehr.

In Wien entwickelt die erst vierjährige Maria unübersehbare Freude und Patience im Umgang mit Farbstift und Papier; kein Wunder, denn sie ist eingebettet in eine sehr musische Familie, täglich wird gesungen und musiziert. Der Vater spielt in der Karmeliterkirche in Wien-Döbling Orgel und zu Hause Klavier, die Mutter und die um zwei Jahre ältere Schwester Gerda singen.

Auch von Maria wird erwartet, dass sie sich an den Familienkonzerten beteiligt, zunächst als Fünfjährige singt sie mit, verweigert das dann aber zunehmend, weil die bevorzugten Lieder wie „Am Brunnen vor dem Tore", „Erlkönig", „Die Uhr" oder „Sah ein Knab' ein Röslein …" das Kind schwermütig stimmen und es zum Weinen bringen.

Anstatt weiter mitzusingen zieht sie es nun vor, auch ein Instrument – nach des Vaters Geschmack die Violine – zu erlernen, was sie einige Jahre durchhält, obwohl sie das Musizieren nicht wirklich glücklicher stimmt. Für die kleine Linkshänderin wird das Streichen über die Saiten mit dem Bogen in der Rechten zu einem Handicap, mit elf schließlich lässt sie es zur großen Enttäuschung der weiter musizierenden Familie bleiben. Die Schülerin Maria setzt sich durch und macht Schluss mit dem Trainieren der rechtshändigen Ungeschicklichkeit. Noch heute spricht die betroffene Gerechtigkeitssuchende von den im Links-Rechts-Wirrwarr ursächlichen Ungerechtigkeiten, die der ausge-

Abb. 1 Nonnberggasse 10, das Haus der Großeltern

Abb. 2 Großvater Martin Bacher, Forstmeister

prägten Linkshänderin im Lauf des Lebens widerfuhren. So war es denn mit der Begeisterung für die Schule bald vorbei, zumal den Stift linkshändig zu gebrauchen verboten, hingegen die Rechtshändigkeit, obschon als qualvolle Marter empfunden, zur Pflicht erhoben wird.

Die gelehrige Schülerin schreibt und rechnet also wie es sich gehörte, wird aber häufig, nun schon in der dritten Klasse, beim versteckten linkshändigen Zeichnen unter der Bank ertappt und zum Nachsitzen verpflichtet. Zu Hause tröstet sie der in Wien als Chemiker tätige Großvater Anton Gwiggner (Abb. 5) durch Bereitstellen von Farben und Papier ebenso wie mit dem

alles andere in den Schatten stellenden Verweis auf Leonardo da Vinci, den glorreichen und wohl bekanntesten Linkshänder aller Zeiten.

Dieser Großvater entstammte einem alteingesessenen Tiroler Geschlecht aus dem „Zauberwinkel", ein von der Welt abgeschnittenes Kleinod in der Gemeinde Wildschönau, südlich des Inns, das erst ab dem 20. Jahrhundert durch eine Straße von Wörgl „hinein" erschlossen wurde.

Die Abgeschlossenheit dieser Gegend brachte es mit sich, dass sich dort so manch sehenswerter Bauernhof, in Holz errichtet, über die Jahrhunderte gehalten hat und nun, wie der Gwiggen-Hof (ein kunstvoll gezim-

Abb. 3 Vater Ludwig Gwiggner (1900–1946) als Chef der Rezeption

merter Einhof von 1625 – und teilweise noch früher – mit offener Feuerstelle in der Küche) im Kramsacher „Museum Tiroler Bauernhöfe" zu bewundern ist. Von dort zog Ururgroßvater Anton Gwiggner mit Familie 1809 nach Wien, indem er sich ab Hall auf dem schiffbaren, in die Donau mündenden Inn auf Floßen in Richtung Osten treiben ließ.

Lebens-Linien zur Malerei

In Floridsdorf absolviert Maria Weinberger-Gwiggner Volks- und Hauptschule. Schule stellt sich die spätere Lehrerin schön vor, wird aber vom Schulalltag nicht selten enttäuscht. So bleibt in ihren Erinnerungen eine Rüge der Lehrerin im Kerbholz hängen, weil diese sie tadelte, dass sie „zu wild" zum Thema „Es brennt!" gezeichnet hatte, unter expressiver Verwendung von Gelb, Rot, Schwarz.

Später, in der Lehrerbildungsanstalt, wird ihre ersehnte, verdiente künstlerische Anerkennung durch ihren Professor für Bildnerische Erziehung zuteil, der findet, dass sie „zeichnen kann". Mitten in den Kriegswirren, 1943, erhält sie den Auftrag, sich mit einer großen Arbeit an der Ausstellung „Die Babenberger in Österreich (Ostmark)" in Berlin zu beteiligen. Wo diese Arbeit nach Ausstellungsende landete, war nicht mehr nachzuvollziehen. Jedenfalls konkretisierte sich nach diesem Auftrag in Maria Weinberger der Wunsch, die Lehrerausbildungsstätte zu verlassen und in die Modeschule oder noch besser in die Kunstgewerbeschule überzuwechseln. Damals kreiert und schneidert sie aus einfachen Stoffresten ihre eigene Kleidung in jungaparter Eleganz (Abb. 7). Der Vater nimmt Rücksicht auf ihre Wunschvorstellungen, sucht mit ihr regelmäßig Kunsthandlungen und Museen in Wien auf, verweist aber gleichzeitig betroffen auf den Krieg und die damit verbundene Aussichtslosigkeit auf den Broterwerb durch Kunst. Der Lehrberuf wird als weitere Ausbildungsmöglichkeit – nicht zuletzt durch den Vater – zur Debatte

Abb. 4 Mutter Hilde Gwiggner, geb. Bacher (1893–1982)

Abb. 5 Großvater Ing. Anton Gwiggner, Chemiker

gezogen. „Und er hatte Recht!" – beteuert die erfahrene, stolze Pädagogin und uneitle Künstlerin heute noch.

Von 1944 bis 1981 ist Maria Weinberger-Gwiggner als Lehrerin an öffentlichen Volks- und Hauptschulen in Wien, St. Gilgen und Salzburg tätig.

Nach dem Krieg, 1945, verlässt sie Wien, verdingt sich kurzfristig auf einem Bauernhof in der Obenau (oberhalb von St. Gilgen) und startet neuerlich ihre Lehrerinnenlaufbahn an der Volksschule ihres Geburtsortes, wohin sie auch schon in ihrer Kindheit zur Tante mehrmals auf Erholung kommen durfte. St. Gilgen bedeutet für sie damals die sichere, heile Welt und bleibt bis in die Gegenwart „der schönste Ort auf Erden", trotz aller Veränderungen.

In dem seit damals kaum veränderten Schulgebäude (heute Sitz des Gemeinde-Archivs, des „Musikinstrumente-Museums der Völker" so wie der „Zinkenbacher Malerkolonie", deren Mitglied sie auch ist) unterrichtet die Junglehrerin im ersten Stock eine Klasse von 65 SchülerInnen, geteilt in zwei Klassenzüge. Sie wohnt auch in der Schule. An freien Tagen unternimmt sie von hier aus Ausflüge nach Salzburg, Aquarellfarben, Pinsel und Papier im Handgepäck.

Aus dieser Gepflogenheit heraus entsteht im Jahr 1946 der „Untersberg" (Kat.-Nr. 1, Abb. S. 42), als eines der ersten Landschaftsaquarelle, eine „Kinderzeichnung", wie sie es heute schmunzelnd bewertet. Trotzdem erfreut sie das Blatt, das auf mehreren zwischenzeitlichen Umzügen nicht verloren ging, denn es repräsentiert den Anfang vom Stehen mitten in der Landschaft und Malen nach der Natur. Der Untersberg war im übrigen der Lieblingsberg ihrer Mutter, und sie selbst näherte sich ihm, auf Grund der wechselnden Wohnsitze, mit den Jahren sukzessive; heute blickt die ehemalige Bergsteigerin aus nächster Nachbarschaft von der großräumigen, mit Gebirgslatschen und mediterranen Stauden bepflanzten Süd-Terrasse ihres Ateliers auf die mächtige Gesteinskulisse.

In der Großstadt aufgewachsen, faszinieren sie die ländliche Umgebung, die Düfte, die unendliche Farb- und Formenvielfalt, die vor allem das abbildende Auge herausfordernden Felder, Wiesen und Gebirgsketten als Motive für Bildflächen, so wie die jeweils für eine bestimmte Gegend typischen Heumandln (Kat.-Nrn. 2, 23, Abb. S. 43, 126) als angepasste, agrikulturale Architektur in der Natur. Sie malt spontan, zügig und flüssig aus dem Handgelenk und weiß zu diesem Zeitpunkt

Abb. 6 Das Gwiggen-Haus im Kramsacher Freilichtmuseum

Abb. 7 Maria Weinberger (links) und Schwester Gerda im Kriegseinsatz als Schaffnerin der Linie 38 in Wien

Abb. 8 Maria Weinberger (links) und Schwester Gerda mit der Mutter in Wien, um 1948

Abb. 9 Maria Weinberger-Gwiggner im Jahr der Heirat 1951

noch nicht, dass das Aquarell ihr wichtigstes Ausdrucksmittel in der Malerei bleiben wird.

1946 kehrt sie wieder nach Wien zu ihrer Familie zurück. Im selben Jahr stirbt ihr Vater.

1951 heiratet Maria Gwiggner den Salzburger Facharzt für Dermatologie und Schriftsteller DDr. Franz Weinberger und gelangt dadurch wieder in die Nähe ihres sie bezaubernden Geburtsortes.

Der junge Franz beginnt im Alter von vierzehn Jahren seine Ausbildung zum Setzer und Buchdrucker, schon mit der Absicht, sich später einmal neben der Arbeit ein Studium finanzieren zu können. Seine Lehrstelle befindet sich im Mozart-Wohnhaus, Makartplatz 9, wo er viele Jahre danach im zweiten Geschoß seine Facharztpraxis eröffnet, und – wie Maria Weinberger erzählt – oft von oben jenen Brunnen im Innenhof betrachtete, an dem er als Druckerlehrling die Lettern zu waschen pflegte.

Maria und Franz Weinberger führen ein bescheidenes, sehr erfüllendes Leben, das – neben ihrer engagierten Berufsausübung – beiden gestattet, den individuellen Neigungen, Talenten und Interessen nachzugehen. In kleinräumigen Wohnungen beanspruchen sie jeder für sich nur ein geringes Plätzchen, an dem einen malt Maria und an dem anderen schreibt Franz. (Für seine Novelle „Träume in irdenen Schalen" erhält er 1957 den August Lux-Preis; er ist außerdem Verfasser

Abb. 10 Ehemann DDr. Franz Weinberger, um 1954

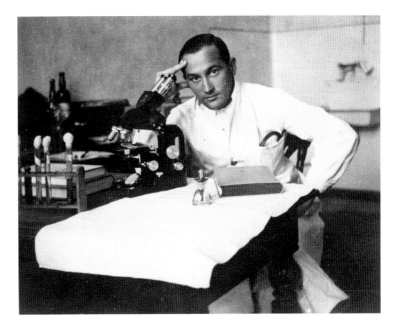

Abb. 11 Dr. Franz Weinberger, Arzt und Schriftsteller in Salzburg, um 1950

eines Romans, von Komödien und philosophischen Schriften.)

1965 inskribiert der inzwischen in eigener Praxis niedergelassene, außerdem politisch engagierte Facharzt und Doktor der Philosophie an der Maximilians-Universität zu München und frequentiert dort einmal wöchentlich Vorlesungen über Sinologie.

Zu den Höhepunkten im Leben von Maria und Franz Weinberger gehören von Anfang an die gemeinsamen Reisen, die sie innerhalb Europas, rund um das Mittelmeer, in andere Kontinente zeit ihres Zusammenseins unternehmen. Ein Blick auf ihr Werk ruft die Assoziation an ein lebenslang gemaltes Reisetagebuch hervor, ein loses Reisebilderbuch, wären nicht dazwischen die unzähligen Blumenbilder entstanden.

Außer den Malereien zeugt übrigens ein beeindruckender Stapel exotischer Ansichtskarten von den bereisten Orten, gesandt an Marias Mutter nach Salzburg, die diese – wie es scheint – vollständig sammelte.

Eine erste große Reise führt das Ehepaar Weinberger 1952 nach Afrika, in das damals noch französische Algerien (Kat.-Nr. 3, Abb. S. 126), 1955 über Athen nach Ägypten. Unterwegs fertigte Maria Weinberger meist nur Skizzen an, die sie zu Hause in Aquarelle oder in Ölbilder umsetzt. Die kleinformatigen Gemälde sind getragen von dem übermittelten Staunen auf die eindeutigen, für ein mitteleuropäisches Auge ungewohnt kräftigen und kontrastreichen Farben, die in Landschaft, Architektur und landestypischer Tracht gespeichert sind. Das überraschende Hineinprallen in einen fremden Alltag mit unbekannten Lebensgewohnheiten, in Armut, in eine fremde Lebenslust manifestiert sich in diesen Bildern. Das Hauptaugenmerk scheint in den frühen Malereien auf die Wiedergabe der andernorts intensiv erlebten Farbe gelegt zu sein, weniger spürbar ist darin eine kopflastige Auseinandersetzung mit dem Licht als abzubildendes Phänomen. Auch scheint es kaum um die bildliche Wiedergabe des inneren Wesens von Land und Leute zu gehen, des Unsichtbaren, das sie charakterisiert, oder falls doch, fehlt zumindest die Kenntnis, dies in Malerei umzusetzen. Die Ölbilder aus dieser Phase, es sind nur wenige, erhalten dadurch einen etwas plakativen Charakter; das wird sich aber in Zukunft ändern.

Ein nächstes exotisches Vorhaben der Beiden ist 1956 die Reise in den Libanon und weiter nach Syrien, nach Damaskus, in eine der ältesten Städte der Welt, inmitten einer fruchtbaren Oase.

Aus dem Werklauf ist ersichtlich, dass es Jahre in Maria Weinbergers Leben gibt, aus denen nicht besonders viele Malereien hervorgehen. Hier ist sie vereinnahmt durch die Schule, durch familiäre Aufgaben und Anteilnahmen oder, im Sommer, während der Schulferien, durch ausgedehnte Reisen, auf denen lediglich Skizzen entstehen. Bemerkenswert ist jedoch, dass der Faden zu Pinsel und Leinwand oder Papier nie abreißt, dass das Malen immer als innere Notwendigkeit erhalten bleibt, auch nach langen Pausen.

Abb. 12 Algerien – Bou Saada, 1952

Abb. 14 Libanon – Auf dem Weg von Beirut nach Damaskus, 1956

Abb. 13 Ägypten, 1955

Neuen Schwung, neues Knowhow und ja, – endlich eine einschlägige Weiterbildung (und vielleicht die Erfüllung eines Traums der begabten kleinen linkshändig unter der Schulbank Zeichnenden ...) erfährt Maria Weinberger durch den Besuch der Schule des Sehens von Oskar Kokoschka 1957 auf der Festung Hohensalzburg.

Recherchiert man im Studentenverzeichnis der 1953 von Oskar Kokoschka und Friedrich Welz gegründeten Sommerakademie (in dem auch Maria Weinberger unter den etwa 200 Teilnehmern registriert ist), stößt man – gerade im Lauf der 1950er Jahre – auf Namen, die bis heute in Salzburg und darüber hinaus große Anerkennung finden. Abgesehen von den international renommierten Architekten Achleitner, Holzbauer, Hollein, Gsteu, Kurrent, Spalt, Peichl finden sich unter ihnen die Namen von BildhauerInnen wie Hilde Heger, Josef Zenzmaier, die Keramikerin Poldi Wojtek so wie eine

Abb. 15 Oskar Kokoschka in der „Schule des Sehens" beim Betrachten von Aquarellen, um 1953

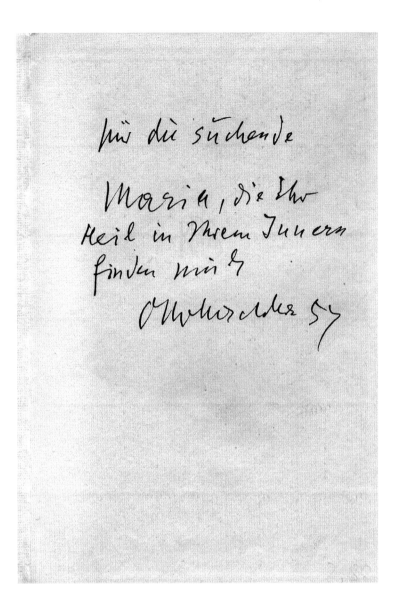

Abb. 16 Widmung Kokoschkas an Maria Weinberger, in: Oskar Kokoschka Lithographien. München 1956

lange Liste von nennenswerten, aus der Salzburger Kunstlandschaft nicht wegzudenkenden MalerInnen; darunter Getrude Engelsberger-Drioli, Rudolf Hradil, Rudolf Kortokraks, Johanna Jank-Leden, Veronika Malata, Irma Toledo. Außer den frei arbeitenden Künstlern setzt sich die Schülerschaft Kokoschkas vorwiegend aus bildnerischen ErzieherInnen, AmateurInnen und HobbymalerInnen zusammen.

Im Gegensatz zu den Erwähnten ist Maria Weinberger, zumindest bis heute, in der Salzburger Kunstszene eine weitgehend unbekannte Malerin – unter Betrachtnahme ihres reichhaltigen Werkbestandes (ihre Regale, Fächer, Archivschränke quellen über …) kaum zu glauben. Auf die Frage, warum das so sei, antwortet sie, dass sie von Anfang an nur zu ihrer Freude malt, ohne Anspruch auf Geltung in Künstlerkreisen oder auf dem Kunstmarkt. Zurückführen lässt sich diese Haltung auf die von Jugend an bestehende Sehnsucht, die ursprüngliche Verlockung, die Wiener Kunstgewerbeschule, heute Akademie, besuchen und als freie Künstlerin leben zu wollen, der sie aber aus materiellen Gründen widerstehen wollte. Bislang ist sie zufrieden über die damals schwere Entscheidung, die Lehrerbildungsanstalt in Wien-Döbling zu absolvieren und inzwischen ihre Existenz durch die Einkünfte aus dem Lehrberuf abgesichert zu haben. Als in der Freizeit malende Lehrerin macht sie sich als Künstlerin nicht wichtig, geht unabhängig ihre eigenen Wege.

In der „Schule des Sehens" wird das Sehen im Schauen gelehrt, Kokoschkas Anspruch an sich selbst lautete, „jeden mit eigenen Augen sehen zu lehren". Trainierte Maltechnik unter seiner Führung ist das Aquarell, wobei Vorzeichnen, Bleistiftlinien als Orientierungshilfen so wie Korrekturen, streng untersagt bleiben (eine bildnerische Ausklammerung, zu der die Expressionisten des 20. Jahrhunderts im allgemeinen tendierten). Den Blick auf das zu malende Objekt galt es so zu schärfen, dass dem Gelingen der prima vista-Übertragung auf das Papier nichts im Weg stehen sollte. Dieses Training erfuhr seine Steigerung darin, dass das Modell alle zehn Minuten seine Position wechselte. Die Arbeiten diversester Kokoschka-SchülerInnen verraten, dass auch das Aussparen der Farben postuliert wurde, wodurch neben dem Improvisationseffekt auf unkonventionelle Art Räumlichkeit ins Bild eingebracht wird.

Eigene Arbeiten aus dieser Zeit besitzt Maria Weinberger nicht mehr.

Die allseits bekannte Legende vom verpackten Fruchtzuckerl aus der Hand Oskar Kokoschkas, das er als Belohnung für gelungene Arbeiten aus der Tasche seines Tweedjackets hervorholte und sparsam verteilte, bestätigt auch Maria Weinberger. Sie selbst habe, wie so manch andere, diese erst einmal aufgehoben. Eine persönliche Widmung aus der Hand des Meisters ist in ihrer Bibliothek sichergestellt (Abb. 16).

Lehrerin und Malerin

Als künstlerisch tätige Lehrerin erhält Maria Weinberger den Auftrag, die gesammelten Erzählungen zu „Lockende Ferne" zu illustrieren, ein von verschiedenen Schriftstellern verfasstes Lesebuch, das 1959 für die 3. Klasse Hauptschule im Salzburger Otto Müller Verlag herausgegeben wird.

Das Titelblatt zeigt Manhattan in New York, jene Welt-Stadt, die Maria Weinberger 1957 zum ersten Mal besuchte. Noch oft tritt sie die Reise über den Atlantik an, um dort Theater, Ausstellungen und die Oper zu besuchen, vor allem aber, um weitere townscapes zu malen (Abb. S. 62–69). Aus der Fernsicht wie aus der Schwindel erregenden Turmperspektive (die an Kokoschkas Städtebilder erinnert) führt sie das Betrachterauge hinein in verengte, vibrierende Bildräume, zusammengehalten von schnell gebündelten Strichgeometrien und von steil in den Himmel ragenden Türmen.

Jeder Strich stützt einen anderen und sichert in Strängen die Höhe der Wolkenkratzer ab. Die faszinierende New Yorker Stadtlandschaft greift sie oftmals auf und akzentuiert das Gigantesque. In einigen späteren Bildern bringt sie die Elastizität der sich chewing-gumartig in die Höhe ziehenden, gelenkigen Gebilde zur Wirkung, in anderen, den Aquarellen vor allem, ziehen nervöse, feine Striche die Aufmerksamkeit auf sich, und evozieren das Pulsieren, die Atemlosigkeit und Kurzlebigkeit von den in Weltstädten herrschenden Lebensbedingungen. Maria Weinberger schätzt sich glücklich, New York noch ohne die Twin Towers des WTC, also noch vor 1973, gekannt zu haben.

Abb. 17 Lesebuch-Illustration von Maria Weinberger, 1959

Abb. 18 „Die Jagd nach dem Gold". Lesebuch-Illustration von Maria Weinberger, 1959

Abb. 19 Maria Weinberger beim Malen des Rannastausees, OÖ (Kat.-Nr. 20), 1966

Abb. 20 Maria Weinberger in Kärnten, das Bild „Alte Mühle mit Türkenkopf" (Kat.-Nr. 8) malend, 1965

Für die Illustration der Goldwäscher-Szene, erinnert sie sich, hat sich ihr humorvoller Gemahl Franz gerne als Modell „verkleidet" und sich mit notwendiger Requisite ausgestattet, um am Rande eines nahe gelegenen Gewässers für den illustrativen Flusssand Waschenden zu posieren.

Aus heutiger Sicht steht Maria Weinberger künstlerisch am ehesten der „Salzburger Gruppe" nahe, die sich Anfang der 1950er Jahre als lose Künstlergemeinschaft gebildet hatte. Ihre Mitglieder waren alle auf irgendeine Weise mit einander befreundet oder verbandelt, und sahen sich am Anfang einer Kunstzensur nach dem Weltkrieg, zwischen Expression und Abstraktion. Die Malerinnen standen am Beginn eines neuen Emanzipationsaufbruchs, die meisten von ihnen (wie Agnes Muthspiel, Trude Engelsberger, Irma Toledo, die Müllerin) waren Autodidaktinnen, und hatten, da sie –

im Gegensatz zu Maria Weinberger – öffentlich als Künstlerinnen auftraten, auch ein kunstpolitisches Interesse zu vertreten, nämlich als eigenständige Künstlerinnen gelten zu wollen, losgesagt von Herkunft, familiärer Bindung, von der Hobbykünstlerschaft, weggebannt vom traditionellen Frau-am-Herd-Bild, und hineingeworfen in eine ungesicherte intellektuelle Kunstwelt, abgestuft ins Reich der Naiven.

Diese aus allen Winkeln der Kritik wahrgenommene Transformation eines Künstlerstandes musste Maria Weinberger nicht öffentlich durchmachen, ebenso blieb ihr deshalb die Schubladisierung und Zuordnung von Klischees erspart.

Nicht wenige Salzburger MalerInnen fanden sich an pittoresken Orten im Süden zu einer Malwoche zusammen. Aus den Bildmotiven der 50er und 60er Jahre geht hervor, dass sie alle ähnliche Reise- und Malziele anstrebten, von Ischia bis Nauplia.

Ebenso entwickelte sich in einem engeren Kreis engagierter Kunsterzieher die Tradition, sich in einem anderen Bundesland oder im Ausland zu diesem die Kreativität fördernden Zweck zu treffen.

Eine der ersten Malwochen dieser Art, an der Maria Weinberger teilnahm, spielte sich 1965 in Südkärnten, am Fuße der Karawanken ab (Kat.-Nrn. 8, 9, Abb. S. 47, 45), wo sie alle mit Staffelei samt Malutensilien kampierten und ihre Freude an der Malerei teilten.

1966 verbrachte die Kunsterzieher-Gruppe ihre Maltage im oberösterreichischen Donautal, wo u.a. auf

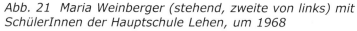

Abb. 21 Maria Weinberger (stehend, zweite von links) mit SchülerInnen der Hauptschule Lehen, um 1968

Abb. 22 Maria Weinberger beim Lehrerball im Kongresshaus Salzburg, um 1965

einer Gesteinsterrasse mit Blick auf den Rannastausee gemalt wurde (Kat.-Nr. 12, 14, 17, 20, Abb. S. 126, 127, Abb. 19).

Ein engagierter Kreis von Salzburger Lehrern und Mitgliedern des „Bundes der Österreichischen Kunst- und Werkerzieher" organisierte mit Leidenschaft ihre gern besuchten Bälle im Salzburger Kongresshaus. Dieser Rahmen bot auch Maria Weinberger die Gelegenheit, für überraschend kühne Dekorationen zu sorgen.

In dieser Lebensetappe entsteht eine größere Serie von Ölbildern, die das Frühwerk von Maria Weinberger repräsentieren. Während die ersten Ölarbeiten aus den

Abb. 23 Maria Weinbergers Blockhaus im Garten in St. Jakob am Thurn

Abb. 24 Maria Weinberger mit ihrem VW-Bus in Griechenland, 1978

Abb. 25 Schwester Dr. Gerda Wenzel, geb. Gwiggner, 1923–1996

50er Jahren gewissermaßen „ungelenk" wirken, obwohl sie von klaren vereinfachten Formen getragen sind, manifestiert sich in den zehn Jahre später entstandenen die für sie typisch gewordene Art, innerhalb der Figur- und Detailgebundenheit großzügig und temperamentvoll zu malen. Hier wird deutlich, dass nicht abgemalt, sondern das Wesentliche impulsiv erfasst und expressiv wiedergegeben wird. Es mag von ihrer Tagesverfassung und nicht von gezielter Maltheorie abhängig gewesen sein, ob sie überraschenderweise mit impressionistischem oder dem gewohnten expressionistischen Impetus ihre Malerei betrieb. Mit einer breiten Palette von Farbharmonien gelangt die Malerin zu einer ausgewogenen Bildwirkung. Die eingearbeiteten Weißtöne (Kat.-Nrn. 18, 32, 702, Abb. S. 44, 49, 81) lassen an das aus der Kokoschka-Schule übernommene Postulat „mit Licht zu zeichnen" denken.

In den 60er und 70er Jahren malt Maria Weinberger vorwiegend Landschaften, selten „streut" sie ein Blumenbild dazwischen. Kein Wunder, denn ihre Freizeit verbringt sie in diesen Jahrzehnten hauptsächlich in dem schon Anfang der 50er Jahre angelegten Garten in St. Jakob am Thurn, der sich mittlerweile von einer riesigen Nutzwiese zu einem überwältigenden Park mit sehenswürdigen Gewächsen entwickelt hat. Während Franz Weinberger sich auf philosophische Sinnfindungs-Reisen in den Fernen Osten begibt, baut Maria auf dem einladenden Terrain mit malerischem Panoramablick auf das Voralpengebirge, den Hohen

Abb. 26 Maria Weinbergers Atelier-Haus in New Milford/ Connecticut/USA

Abb. 27 Maria Weinbergers Atelier im Haus in New Milford, 1983–1988

Göll, den Untersberg und Staufen, ein Blockhaus, das sie als Sommer-Atelier benützt.

Wenn Maria Weinberger in den Ferien nicht gerade quer durch Europa reist, verweilt sie im amerikanischen Connecticut, wo sich ihre ältere Schwester Gerda, promovierte Germanistin, mit Familie seit 1951 angesiedelt hat.

Ihre Aufenthalte in den USA mehren sich mit den Jahren, und New Milford wird immer öfter zu ihrer vorübergehenden Bleibe. Mit den Jahren sammeln sich dort mehr und mehr persönliche Gegenstände an, allem voran eine Staffelei, Leinwände und – obligatorisch – Malfarben. Zur Abwechslung bestellt Maria Weinberger auch den dortigen Garten und Blumenbeete; was immer sie mit ihrem grünen Daumen anfasst, sprießt und gedeiht aufs Prächtigste. Sie selbst identifiziert sich so sehr mit diesem transatlantischen Kleinod, die Nähe zu ihrer vertrauten Schwester genießend, dass dies zur Folge hat, sich eines Tages den Traum vom eigenen Haus in Amerika erfüllen zu wollen. Als 1983 ihr Ehemann Franz Weinberger stirbt, hält sie nichts mehr davon ab, sich in dem familiären Areal ihrer Schwester Gerda, wann immer es möglich ist, niederzulassen. Das Blockhaus mit Aussichtsterrasse und Atelier, oberhalb einer leicht abschüssigen Mulde, verkörpert ein Domizil als Refugium im Land der großen Freiheiten, das den europäischen Vorstellungen von der klassisch amerikanischen überdimensionalen Weite entspricht. Sie malt viel in dieser Zeit, logischerweise ist ein ganzes Konvolut von Gemälden dort verblieben; sie wurden aus Ort-Zeit-Gründen nicht in die hier vorliegende Liste des Werkbestands aufgenommen.

Ausstellungen

Im Lauf der 1970er Jahre nimmt Maria Weinberger an ersten Gemeinschaftsausstellungen teil, die unter dem Motto wie „Kunsterzieher stellen aus" oder „Salzburger Lehrer als Maler" an verschiedenen Orten der Kultur und Bildung in und um Salzburg stattfinden. Zu den Beteiligten zählen Eduard Böhler, ehemaliger Direktor der Hauptschule Maxglan und Leiter mehrerer Malkurse in den Sommerferien (z.B. in Altenhofen, Nussdorf, Raab u.a.wo), Albin Rohrmoser, Alice Cermak, Beppo Pliem, Rudolf Dimai, Adi Degnhardt, Gerda Düring, Edith Stögner u.a. Einige solcher Malkurse waren mit Reisen und längeren Aufenthalten im Waldviertel, in Kärnten, in Novigrad und Rovinj verbunden, wo schon frühe Ölbilder Maria Weinbergers entstanden sind (Kat.-Nr. 31, 38, Abb. S. 127).

1981 tritt die Lehrerin Maria Weinberger in den Ruhestand, die Malerei wird für sie ab jetzt zur full time-Verpflichtung.

1985 stellt Maria Weinberger ihre Arbeiten in der Salzburger non-profit-Galerie Forum West erstmals einem öffentlichen Publikum im Rahmen einer Einzelausstellung vor. In der Folge finden sich weitere Gelegenheiten, ihre Gemälde in privaten Galerien in Salzburg Stadt und Umgebung zu präsentieren. Zur Freude der Malerin finden sich jeweils Käufer für ihre dekorativen Bilder, wobei sie auf den daraus abfallenden Gewinn nicht angewiesen ist; das daraus erwachsende Gefühl der Anerkennung ist ihr wertvoller.

Dass ihre Arbeiten in der Öffentlichkeit gut ankommen, ermutigt sie, gemeinsam mit Hans Urbanek sechzig Bilder dem „Roten Kreuz" als Spende für eine Versteigerung zu überlassen.

Im Jahr 2000 dokumentieren dazu die „Salzburger Nachrichten" am 13. Mai mit einer Weinberger-Werkabbildung unter: „Spontanhilfe", dass 250.000 S in den Topf des Roten Kreuzes flossen und der Versteigerungserlös Familien mit schweren Schicksalsschlägen zugute komme.

Die wohl größte Schau von Maria Weinberger kommt 1996 auf Einladung des Litauischen Kultusministeriums zustande. Anlässlich des 40-jährigen Jubiläums des Wiederaufbaues der Unabhängigkeit Österreichs werden ihre neuesten Arbeiten in der Bibliothek in Vilnius zusammen mit jenen ihres Lebensbegleiters Hans Urbanek gezeigt. Die Ausstellung wird auf Grund großer Besucherzahlen verlängert.

Hans Urbanek stirbt 2003, im Jahrhundertsommer, an Herzversagen.

„Stille Bilder"

In der zweiten Hälfte der 1980er Jahre entsteht die Serie der „Stillen Bilder" (Abb. S. 52–55). Dieser Zyklus umfasst etwas mehr als ein Dutzend Aquarelle, denen allen etwas gemeinsames zu Grunde liegt: eine auffallende, den Betrachter zum Innehalten zwingende Blässe. Die Motive stellen sich nicht anders dar als sonst, vorwiegend Landschaften, ein paar Menschen- und Tierfiguren, ein Blumen-in-der-Vase-Bild.

Die gemalten Orte sind in dieser Phase von Maria Weinberger nicht besucht worden, aber es sind Orte, an denen sie sich früher gerne aufhielt, die sie Revue passieren lässt, als hätte sie (oder der Betrachter) sich unendlich weit davon entfernt. Orte, wie das griechische Volos, das dalmatinische Omis, die Wüste u.a. scheinen aufgehört zu haben, als begreif- und bereisbare Realität zu existieren. Was die Uhren still stehen lässt in diesen Bildern, ist die gestische Enthaltsamkeit im Malprozess, kein – wie sonst gewohnter – lebhafter expressionistischer Strich, der die Bildszene beleben würde, an dessen Stelle nun stilisiert erstarrte Formen durch Konzentration auf punkthafte Flächen als Ansammlung, keine Traum- und keine Albtraumbilder, vertraute Orte, die zur Fremde werden, aus denen Kälte entgegenströmt, Orte und Lebewesen, abgenabelt im Kopf, fahl auf dem Papier, die nicht mehr ins Leben gehören, wohl aber und endgültig – ins Reich der frappierend verblassenden Erinnerungen. Etwas Tröstliches birgt die Landschaft „Im Waldviertel", über die sich das weit entfernte Licht ausbreitet, so, als würden Felder und Wiesen mit dem Sonnenuntergang, mit der Unendlichkeit für alle Ewigkeit verschmelzen.

Die Farbpalette ist hier keine andere als sonst, doch alle Farben sind wie ausgewaschen, verblichen. Jeder Pinselstrich wird zum Ausdruck innerer Konzentration auf etwas, das nicht mehr ist. In der Tat hat Maria Weinberger in diesem Jahrzehnt unter dem Verlust geliebter Menschen gelitten, unter ihnen die Mutter und ihr Ehemann Franz. Ihre geliebte Schwester Gerda in den USA, die ihre Sehnsucht nach Europa, nach ihren Wurzeln, nie ablegte, verstirbt 1996.

Nur noch Malerin

Ab 1986 lebt Maria Weinberger mit ihrem Lebensgefährten Hans Urbanek zusammen. Es ist eine glückliche und erfüllte Zeit mit Reisen (USA, Kanada, Schweiz, Frankreich) und – das Wichtigste für Maria Weinberger – mit viel Zeit zum Malen. Ein Blick auf die Werkliste verdeutlicht den ungeheuren quantitativen Jahres-Anstieg von Gemaltem, ebenso wie die Steigerung der Individualqualität.

Hans Urbanek, selbst auch Witwer und zufälligerweise mit familiären Banden nach Kanada, hatte bis zu diesem Zeitpunkt ebenfalls einen Lebensabschnitt mit vielen Reisen in andere Kulturen hinter sich, war Kunstliebhaber. Oft begleitete er Maria in ihr Atelier, damals in der Parkstraße 3 gelegen, ging ihr zur Hand, indem er Leinwände grundierte, für maltechnischen Nachschub sorgte oder sie ganz einfach dort bekochte.

Abb. 28 Maria Weinberger und ihr Lebensgefährte Hans Urbanek im Atelier in der Parkstraße 3, Salzburg, 1989

Abb. 29 Maria Weinberger Hans Urbanek in der Joseph-von-Eichendorff-Straße, Salzburg

Allerdings dauerte es nicht lange, bis der Kreativitätsfunke von Maria auf ihn übergesprungen war, er sich Papier, Kartons, Leinwände besorgte und selber zu malen begann. Mit Hans an ihrem Lebensabend regelmäßig gemeinsam zu malen, empfindet Maria Weinberger als einen Höhepunkt ihres Lebens. Auf den Seiten 148–157 in diesem Band finden sich einige Abbildungen von Hans Urbaneks Malerei, die bespielhaft sind für seinen unverwechselbaren Stil, zu dem er erstaunlich umweglos gefunden hat und den er beständig beibehielt.

Maria Weinbergers Serie der „Gegenstandslosen Bilder" (Abb. S. 120–121) spiegelt den künstlerischen Dialog zwischen den malenden Partnern. Wenn die beiden gemeinsam ausstellten, machte im Verkaufswettbewerb Hans das Rennen, darüber wundert und freut sich Maria heute noch.

Die Gabe Maria Weinbergers, ihre Freude am Malen wiederum mit Freude an jemanden so weiterzugeben, dass er selber kreativ tätig wird, gehört wohl zu den ausgeprägtesten Fähigkeiten der ganz und gar unverwechselbaren Pädagogin. Am Rande sei hier erwähnt, dass sie zu Zeiten ihrer Mutter auch diese, damals längst über 70-Jährige, zum Malen animierte. Einige beachtenswerte Blätter mit sinnlich-heiteren Tierdarstellungen im absolut untradierten Sinne von „naiv" geben davon Zeugnis.

Voraussetzung für das reichhaltige Bilderhervorbringen der hauptberuflichen Lehrerin war ihr nie gescheuter Malfleiß.

Erstaunlich ist, dass nur selten eines ihrer Bilder an ein Vorbild erinnert. Dass Weinberger durch Kokoschkas Schule ging, bleibt als prägendstes Markenzeichen, hin und wieder erinnert zwar ein Gemälde an den einen oder anderen Maler aus der avancierten, ja selbst der jüngeren Künstlerschaft Salzburgs, das aber nur beiläufig. Die Autodidaktin lässt zwischendurch schon mal ein Bild entstehen, das unbewusst vielleicht mit Chagall oder van Gogh im Hinterkopf begonnen, schlussendlich aber noch zu einem typischen Weinberger-Gemälde stilisiert wurde. Die Freiheit, einen der großen Meister zum eigenen künstlerischen Experiment zu zitieren und durchzuspielen, gesteht die freie Pragmatikerin sich und anderen gleichermaßen zu.

Da Maria Weinberger am Ausstellungswettbewerb nicht mit existentieller Motivation teilnahm, die den Werkbestand eines Nur-Künstlers wenigstens von Zeit zu Zeit durch Verkauf schmälert, um ein Überleben zu ermöglichen, lässt sich behaupten, dass sie mit großer Disziplin einfach zur Freude, für sich, für den Moment des Tuns einen ansehnlichen Stock an Gemaltem hervorgebracht hat.

Hunderte von Aquarellen und etwas weniger, aber trotzdem auch ein paar Hundert bemalte Leinwände füllen jetzt ihre Atelierwände, Grafikschrankladen, Regale. Diverse Kunst- und Kulturverwaltungen werden künftig gefordert sein, die Sicherung eines solchen nicht mehr in traditioneller Sammlungskontinuität stehenden Kunst-Erbes zu verantworten.

Themen

Aus dem Gesamtkomplex kristallisiert sich ein eng gefasster Themenkreis heraus: Südliche und heimische Landschaften, Gewässer mit Schiffen, Blumen in der Vase, die Maria Weinberger, allerdings in zahlreichen Variationen, bearbeitet hat.

Landschaft

In den Landschaftsbildern gibt Maria Weinberger stets einen umfassenden Blick wieder. Aus der Distanz kann sie dem bildlichen Festhalten der Vielfalt, die einen Landstrich charakterisiert, gerechter werden. Häufig geht sie von einer zentralperspektivischen Aufsicht aus, so manches Bild erweckt den Eindruck, als hätte sie den äußeren Umblick mit hinein transferiert, was im einzelnen gut wahrnehmbar ist, in der Erfassung des Gesamten den Kopf des Betrachters aber gehörig auflädt. In allen Landschaftsdarstellungen kommt die ungebrochen tiefenräumliche Vorstellungskraft der Künstlerin zum Tragen. Einzelne Farben oder Farbfelder übernehmen die Funktion eines imaginierten Pfeilers, der die Bildarchitektur trägt. Die einzelnen Motive geben Orte von Reisezielen wieder, von Ausflügen in die Berg- und Wiesenwelt, ans Meer. Viele dieser Gemälde sind in Salzburg aus der Erinnerung entstanden, oft Jahre nachdem die Orte besucht wurden.

Zu den am häufigsten porträtierten Städten zählen New York, Venedig, St. Petersburg und Moskau. Ihnen gegenüber stehen die idyllischen Darstellungen von provinziellen Landstrichen, oft in radikal expressiver Formensprache, oft in abstrahierender Vereinfachung verquickt mit naiver Erzählfreude (Kat.-Nr. 551, Abb. S. 86).

Das große Faible für das Pittoreske, das wohl jede Landschaft in sich birgt und das als solches ins Bild übertragen wurde, ist nicht nur augenscheinlich, sondern scheint zwingend für die Malerin zu sein. Felder, Flussläufe, Wege, Wälder, Berge, Gewässer schildert sie als Entdeckungen in der Natur, mit dem Anspruch, die Unmittelbarkeit des eigenen Vor-Ort-Seins zu konservieren. Dramatisiert wird nicht.

In vielen Gemälden herrscht die atemlose Stille, die sich mit keinem Glühen am Himmel und keinen Wolkengetürmen vertragen würde, im Gegenteil, da und dort wird der Himmelsraum knapp über der Landschaft abgeschnitten, wohl um das Auge eines Landschaftsromantikers so ganz zur Mitte einer unspektakulären Schönheit zu führen. Viele der dicht und gut durchkomponierten Bilder führen auf einen Aufbau zurück, der durch das Verlassen der Aufsicht zugunsten des Heranzoomens der empfundenen Mitte zu Stande kam.

In den meisten Darstellungen wird das helle, klare Mittagslicht vorgezogen, wodurch die einzelnen Figuren kaum Schatten werfen, südliche Landschaften überwiegen – wohl um die kalkweißen Häuserfassaden aus dem Bunt effektvoll herausblitzen zu lassen – in der blendenden Helligkeit des Morgens, seltener findet sich eine Landschaft in das beruhigende Licht des späten Nachmittags getaucht.

„Bilder zum Nachdenken" (Abb. S. 76–77)

In Maria Weinbergers Werkbestand setzt sich speziell eine Bildergruppe von allen anderen, eindeutig nach ihr etikettierbaren Malereien ab, die von vornherein nicht um der Schönheit willen entstanden sind, sondern, weil die Zivilcouraglerte über das Medium bildende Kunst ihre kritischen Anmerkungen zu den heutigen Lebensbedingungen an ihre Mitmenschen richten will:

In der Sprache künstlerischer Ertüchtigung erfahren wir daraus persönliche Reflexionen zum aktuellen Geschehen in Politik, Gesellschaft, Tierschutz, Ökologie, Kunstbetrieb und anderes mehr.

Einige dieser Blätter sind getragen von plauderndem Unterton, gebärden sich ironisierend; der technische Übertritt in die Karikatur fehlt ihnen geradezu.

Machos, mit denen Maria Weinberger in jungen Jahren auf Reisen in den südöstlichen Ländern in Berührung kam, haben es ihr, der Anpassungswidrigen und dem Freigeist, vor allem bei Kindern und Jugendlichen, Fördernden, besonders angetan. In einigen Bildern schleppt sie solch negativ beladene Figuren, in unsere Breitengrade versetzt, vor. Aber wer wird hier geschützt? – lautet die Frage.

Herausragend unter den „Bildern zum Nachdenken" ist das Blatt „Frauen im Krieg" (Kat.-Nr 239, Abb. S. 77) aus der Serie „Golfkrieg", 1991. Die weiblichen Betroffenen, die, von ihren kriegerischen Oberhäuptern verlassen, die familiären Schicksale lenken und die die gesellschaftliche Zukunft im Kleinen, Verborgenen sichern, erscheinen hier – der Enthüllung von Grausamkeiten zum Trotz – wie Monumente der Würde.

Das Betrachterauge wird unwillkürlich dazu angehalten, an den Figuren, deren Farbleiber durch eine strenge Formbindung zusammenwachsen, hoch zu gleiten. Ihre plastischen Körper harmonieren in Volumina und den sie tragenden senkrechten Linienkorrespondenzen.

Im Vergleich dieses Aquarells mit anderen gerade dieses über eine große Zeitspanne bearbeiteten Themenkreises, fallen einige stilistische Schwankungen ins Auge. Es scheint, als wechsele die Malerin ihren Stil situationsbedingt. Das heißt, ihr Malstil wandelt sich nicht alle Jahrzehnte beispielsweise, sondern wenn es heiter oder kritisch einhergeht und ursächlich Menschen in die bildnerische Erzählsituation verwickelt sind, dann schwenkt sie weg von ihrer expressiven Malerei und geht karikatur- oder bilderbuchmäßig abbildend vor.

In einigen Aquarellen spricht sie das nachempfundene Anliegen verschiedener Tiere aus, einmal verurteilt sie den freiheitsraubenden Umgang mit ihnen, ein anderes Mal bildet die passionierte Naturbeobachterin ab, wie den unbeachteten und von allerseits vergessenen Insekten die tägliche Nahrung entzogen wird, durch die zum Must gewordene frühzeitige Mahd, stets vor der Blüte der Gräser und Wiesenblumen, um die Mäuler der Turbo-Kreaturen rechtzeitig zu stopfen.

Farben

Maria Weinbergers Umweltbewusstsein geht tatsächlich so weit, dass sie als Malerin irgendwann aufhörte mit Ölfarben zu arbeiten, weil es keine speziellen Entsorgungsmöglichkeiten für Ölfarben in Salzburgs Wohnbezirken gab, ein Grund für sie, auf Acryl umzusteigen. Allerdings gönnt sie sich infolge der neu eingeführten Möglichkeiten zur Abfalltrennung zwischendurch wieder die althergebrachte und als Luxus angesehene Ölmalerei.

Nebenbei bemerkt lassen sich an den verwendeten Materialien Spuren ihres Lebenslaufs ablesen: Auf schulheftgroßen Blättern hat sie zu malen begonnen.

Um mit den Speicherplätzen der kleinen Wohnungen auszukommen, beschränkte sich die Genügsame auf das Malen auf Papier. Die raumgreifendere und zusätzlich die Atemluft in Wohn- und Schlafbereich beeinträchtigende Ölmalerei auf Leinwand beinhaltet für sie zusätzlich den Faktor Zeitluxus, denn viel gemalt wurde nur in den Ferien und unterwegs. So kommt ihr irgendwann der Vertrieb von Acrylfarben in zweierlei Hinsicht zu Gute: Zum einen, weil sie schnell trocknen (und deshalb auch unterwegs leicht anwendbar sind), zum anderen, weil die praktische Anwendung dieser Farben ihrer reichlich erprobten und meisterhaft beherrschten, nassen Aquarelltechnik nahe kommt, indem das Fließen auch dieser Farbe möglich und im getrockneten Zustand noch spürbar ist. Die Acrylfarbe wird, ähnlich der Wasserfarbe, zusätzlich bildkonstituierend zum Einsatz gebracht. Primär aber schätzt Maria Weinberger die Acrylmalerei, weil sie schnell von der Hand gehen kann, ihr Pinselstrich stets geschwinde, gestisch, heftig, ihrer spontanen Entschlossenheit entsprechend auf den Malgrund gesetzt werden kann.

In vielen Acryl-Gemälden findet sich ein ungewöhnlich dünner, lasierender Farbauftrag, der an manchen Stellen die Leinwand durchschimmern lässt, was dem dargestellten Sujet einen leichten, unbeschwerten Charakter verleiht.

Maria Weinberger kapriziert sich nicht auf eine Hauptfarbe, eine Vorliebe mag sie schon für das Blau und seine Abstufungen hegen, ansonsten wirken die Farben im Kontext erlesen. In einigen Gemälden, den jüngsten Landschaftsbildern, beweist sie den Mut zur Farbe, im einen oder anderen Gemälde vielleicht mag man an eine ironische Akzentuierung der Idee denken, was Farbe sein und was sie bewirken kann, eine Versinnbildlichung ihrer gerne zitierten Devise: „Keine Angst vor Schönheit, Hässliches gibt es genug!"

„Heitere Bilder" (Abb. S. 94–96)

Mit dem Malen von Menschen habe sie es nicht so, sagt Maria Weinberger, nicht, dass sie es nicht könnte, das klare Gegenteil hat sie bewiesen, aber Menschen lassen sich nicht durchstreifen wie Landschaften; Menschenbilder verlangen das Bleiben, das Verharren nicht nur vor dem Anderen, auch ein wenig im Anderen.

Weil sie die gute Unruhe mag und es braucht, dass sich etwas bewegt, was Lust, Neugier und Chaos erzeugt, erfindet sie, anlässlich der regelmäßig frequentierten Abende mit Aktzeichnen, Szenen, die die Bildfläche für die Nachbetrachter erheitern, vor allem aber die Zeichnende selbst amüsieren. In den blockeweise ad hoc und souverän zugezeichneten Blättern verirren sich schon mal ein Froschkönig ans Bein einer Sitzenden oder ein küssen wollender Prinz an die Seite einer Liegenden. Auch entpuppt sich mitunter eine schöne Liegende gar als ein reizvoll ausgestrecktes Tierchen.

Hier folgt Maria Weinberger zufällig einem Impuls, der Kokoschka 1955 aus ähnlichem Beweggrund veranlasste, Friedrich Welz als Organisator der Sommerakademie wissen zu lassen, dass er „allerhand Kleider, Brautkleider, Frack, Trikots etc. brauche, weil mir die Aktmalerei manchmal zu fad wird" (in: Ära Kokoschka. Hg. B. Wally, Salzburg 1993).

Ihren Sinn für Humor drückt die Künstlerin in der Serie der „Heiteren Bilder" aus, welche lustige Seiten aus dem Leben und aus phantasievollen Träumereien aufschlagen. Erginge an Maria Weinberger heute der Auftrag, wieder ein Schulbuch zu illustrieren, träfe sie, die sich noch immer bestens in Kinderwelten versetzen kann, zielsicher die Aufmerksamkeit und den Geschmack der phantasy-verbildeten Kids im jungen 21. Jahrhundert (Kat.-Nr. 310, Abb. S. 95).

Der zunehmend knallharte Überlebenskampf in unserer Konsumgesellschaft stimmt die Anthropophile, die ehemalige Pädagogin nachdenklich. Einen Ausweg sieht sie durch mehr Einflussnahme vonseiten der Künstler auf die Gesellschaft. Ein entsprechender Appell erscheint 1996 von Maria Weinberger in den „Salzburger Nachrichten" als Leserbrief:

„Es wäre nun endlich an der Zeit, daß sich auch Künstler für eine positive Weltsicht in ihren Werken einsetzen. Die Negativstimmung seit dem Ersten bzw. Zweiten Weltkrieg in der Malerei ist nun zur Genüge dargestellt worden. Diese und über die Medien verbreitete Brutalitäten, Unglücksbotschaften und pessimistische Darbietungen könnten von Künstlern aufgefangen und nicht noch durch düstere Gemälde verstärkt werden.

714 Aktstudien 11. 2004

710 Aktstudien 4. 2004

Farben sind Ausdruck des Lebens. Kinder stellen in ihren ersten Malereien die Welt in bunten Farben dar. Erst über den depressiven Einfluß vieler Erwachsener wird ihr positives Weltbild zerstört. Ich wünsche mir, daß sich eine Gruppe von Künstlern dieser Miesmacherei entgegenstellt und es als ihre Aufgabe betrachtete, die Depression und die Düsternis zu bekämpfen".

Schiffe

Ihrer Sehnsucht nach anderem, nach Fernem, nach unbekanntem Terrain wird sie im Thema „Schiffe" gerecht. In allen Schiffsgemälden ist ihre Lust an der Ausgestaltung der Schiffskörper mit deren typischen Rundungen, die ihr förmlich aus dem Handgelenk fließen, nachzuspüren. Ob in temperamentvollem Nass-in-Nass mit kräftigen Aquarellfarben auf Papier oder mit Öl oder Acryl auf Leinwand gemalt, meist ordnet sie die schmucken Bauchigen, an ihrer jeweiligen Funktion, ihrem Navigationsauftrag nach außen zuordenbar, haufenweise an. Kaum ein Wellenschlag ist aus den Hafen-Bildern herauszuhören (Kat.-Nr. 285, Abb. S. 91), wichtiger erscheint das appellative Erlesen der bunten Geschichten ihrer „sprechenden" Schiffe (Kat.-Nr. 633, Abb. Umschlag). Da finden sich welche, die den Geist des Beherrschens der Meere versprühen, anderen hingegen ist eher der Sportlergeist ihrer Steuermänner anzusehen, und wieder andere erinnern an die bei Touristen häufig hervorgerufene Sehnsucht nach einem schaukeligen Exkurs mit einem exotischen Fischkutter. Da und dort lässt sie die hölzernen Jollen auf einem Dock mit den prallen, nach oben gekehrten Bäuchen sich sonnen.

Weinbergers Schiffe verkörpern das Mittel zum Zweck eines Turns ins farb- und sprichwörtlich Blaue oder blaue Nass, verstehen sich aber auch als imaginäre Brücken zwischen Inseln oder Welten, wo friedliche Kommunikation fließt.

Blumen

Das Motiv der Blumen ist in frühesten Arbeiten von Maria Weinberger präsent. Sie baut kein klassisches

Abb. 30 Maria Weinberger in ihrem Garten in St. Jakob am Thurn

Stillleben um sie herum auf, sondern konzentriert sich am liebsten nur auf den Strauß selbst. Wie in der Landschaft, zieht sie hier die Aufsicht in der Darstellung vor, ebenso geht sie auf Nahsicht, wenn ihrem Anschein nach eine bestimmte Blatt- oder Blütenform, oder ein Rapportmuster auf der Vase es verlangen (Kat.-Nr. 254, Abb. S. 115).

Im Lauf der 1980er Jahre wachsen die Blumen-in-der-Vase-Bilder als Thema sichtlich, später, ab den 1990ern, nehmen sie gar überhand.

In den Blumen-Gemälden wird das Anliegen sichtbar, die Schönheit der Natur, die in Gestalt der Blumen aus den Gärten erntbar ist, mit Farben, einem Ur-Element der Natur, beschreiben zu wollen. Meere von Blumen hat Maria Weinberger gemalt, großteils in Aquarell. Diese Technik ermöglicht ihr am meisten Spontaneität und Leichtigkeit in der Pinselführung, und bietet ihr die optimalen Bedingungen, das Licht gezielt durch Aussparen der Farbe einzusetzen, damit flirrend heiße Temperaturen oder auch die Vorstellungskraft für einfallende, schnell wandernde Lichtstrahlen zu suggerieren (Kat.-Nr. 376, Abb. S. 105).

Das Interesse liegt nicht an der Darstellung ihrer Lieblingsblumen, sondern daran, das Wunder Natur, an dem sie selbst in ihrem eigenen St. Jakober Garten Eden über fünfzig Jahre mitgeschaffen hat, an sichtbaren Gebilden daraus mitzuteilen. So steht jeder gemalte Strauß in seinem eigenen Strahlungsfeld und bindet durch seine Pracht das Auge des Betrachters an sich.

Das Wesen, das Innere, das die Strahlkraft einer Blume ausmacht, ihre Widerstandskraft oder Zerbrechlichkeit kommt durch die gelungene, sensible Zustandsmalerei zum Ausdruck. So manche Blüte ist gezeichnet von der Stärke, dem Durchdringen eines Sonnenstrahls, oder scheint gegenteilig bewegt mitgenommen zu sein von einer Brise. Die farbigen Wunder, die sich häufig aus Formfragmenten mit Kraftlinien paaren, die die Identifikation bestimmen, verzaubern einen Weinberger-Strauß in ein farbiges Ereignis. In nicht wenigen Blumenbildern scheinen die Farben nicht aufeinander abgestimmt, sie breiten sich aus wie in der Natur, wo Farben gesetzlos nebeneinander liegen und leuchten.

*

Ihr Werk gedanklich überfliegend, resümiert Maria Weinberger, wie in einem Selbstgespräch, mit den Schultern zuckend, sich darüber wundernd, dass sie kein einziges rein abstraktes Bild hervorgebracht habe, als wollte sie sich anhand dieses Kriteriums bewerten. In diesem Moment ist ihr nicht bewusst, dass sie sich zeit ihres Schaffens auf die Seite Oskar Kokoschkas geschlagen hat, dem vorgeschwebt war, die „abstrakten Nichtsnutzer" von seiner Akademie fernzuhalten, wobei unklar ist, ob er „abstrakt" eventuell mit dem in den 50er Jahren aufkommenden Non-Figurativen gleichgestellt hat, oder dachte er womöglich an die „Deformation" im Sinne Cézannes?

Maria Weinberger kann die Frage einerlei sein. Sie hat ein umfangreiches und bemerkenswertes Werk geschaffen, das ihre Daseinsfreude zum Ausdruck bringt. Genährt hat sie sich in ihrem privaten Paradiesgarten und auf ihren Reisen, gesät hat sie in ihrem früheren Wirkungsbereich, der Schule und in der Malerei.

Elisabeth Thanhofer

Maria Weinberger-Gwiggner
Nachbarin und Freundin

Unsere beiden Japaner Nissan und Suzuki „wohnen" in der selben Tiefgarage. Dort sind wir uns in den ersten Jahren meist begegnet: „Guten Tag, Sauwetter heute ..." „Ja, ja. Schönen Tag noch!"

Der Garagenplatz von Frau Weinberger (den Namen wusste ich schon) war und ist erkennbar an den vielen, an der Wand hängenden, farbenfrohen und ausdrucksstarken abstrakten Gemälden ihres Lebenspartners Hans Urbanek, der zur Zeit meines Einzuges noch am Leben war. Von anderen Hausbewohnern erfuhr ich dann, dass auch Frau Weinberger malt. Sie selbst hielt sich eher im Hintergrund, und ich war mehr als angenehm überrascht, als ich zum Jahreswechsel zwei Kunstkalender mit Gemälden von ihr und von Hans Urbanek geschenkt bekam.

Die Jahre vergingen: „Grüß Gott, schönes Wetter heute, aber der blöde Föhn!" „Der macht mir nichts, gute Besserung ...", und schon entschwand Maria über das Treppenhaus links in den zweiten Stock, ich keuchte über die rechte Stiege ins Erdgeschoß. Hans Urbanek war immer schon auf dem ebenerdigen Parkplatz ausgestiegen, weil er infolge einer Kriegsverletzung Beschwerden beim Treppensteigen hatte. Da blieb es dann meistens beim Zuwinken. Hans und Maria lebten ihr eigenes Leben bis zu seiner tragischen Erkrankung, die Maria dann allein zurückbleiben ließ. Maria war und ist sehr tapfer und suchte Trost in der Kunst und der Aufarbeitung der gemeinsam entstandenen Kunstwerke.

Zur selben Zeit war bei mir der Pensionsantritt fällig und viel Freizeit stand ins Haus. Und so kamen wir uns bei Gesprächen und Spaziergängen näher und entdeckten „Gemeinsamkeiten", und aus der Nachbarin wurde eine Freundin. Und da ich „künstlerische Ambitionen" (Fotografie) hatte, wurde ich eingeladen, es auch mit Malen in Marias Atelier zu versuchen. Sonntag wurde der Jour fixe, und ich konnte erstmals eine wirkliche Künstlerin bei der Arbeit beobachten und von ihr in die Geheimnisse der Malerei eingeführt werden – dachte ich ...

„Da hast Du Pinsel, Spachtel, Tuben und Flaschen, Wassergläser, einen bespannten Keilrahmen und such Dir eine Farbe aus und male, was Dir Spaß macht!"
„Toll, sind das Ölfarben?"
„Nein, versuch es erst einmal mit Acryl. Übrigens, hast Du schon einmal gemalt?"
„Na ja, vor 50 Jahren in der Schule."

So fing unsere Sonntagsmalerei an. Dann stellten wir fest, dass künstlerische Betätigung auch hungrig macht, und so bekochen wir uns abwechselnd an den Maltagen.

Und noch etwas haben wir gemeinsam angefangen. Ein über einige Ecken und Kanten entfernter Verwandter von Maria, der Salzburger Künstler Volker Uiberreither (Originalzitat: „Die tolle Frau is mei Tante"), hat uns eingeladen, einmal in der Woche bei ihm in einer Aktzeichenrunde unsere Augen zu schulen und mehr oder weniger gelungene Aktzeichnungen anzufertigen. Wenn sie weniger gelungen sind, was meist Anlass zur Erheiterung gibt, können wir uns oft das Lachen nicht verkneifen, und das bringt uns mitunter strafende Blicke der übrigen ernsthafteren Künstler ein. Maria malt dann meist noch eine tolle Landschaft oder Schiffe und Blumen rund um die Modelle, denn die „Nackerten allein" sind für ihre Kreativität zu wenig. Und alles wird bunt – Maria liebt die Farben: „Farben sind die beste Medizin."

Schon als Volksschülerin ist Maria am Schulweg an einem Farbengeschäft vorbeigekommen, was die Wegzeit wesentlich verlängerte. Sie konnte einfach dastehen und die Farben anschauen – sicherlich hat sie sie damals schon inhaliert, weil sie heute nur so aus ihr heraussprudeln.

Als dann in späteren Jahren die Lust zum Reisen in ferne und nahe Länder stärker wurde, waren es die Schiffe, die eine besondere Faszination ausübten und heute noch auf zahlreichen Bildern zu finden sind.

Fernweh ist so ein eigenes Kapitel, es befällt Maria immer wieder, aber da kann ich nicht mithalten, also kann ich es auch nicht so richtig beschreiben. Da ist es besser, man lässt die in dieser Stimmung oder in fernern Ländern entstandenen Bilder auf sich einwirken. Sie sagen mehr als alle Worte.

A propos Worte, das könnte ein kontroversielles Kapitel werden: Wortgenauigkeit ist nicht immer Marias Stärke und die Fantasie des Zuhörers ist oft gefordert, dem Gedankenfluss der Erzählerin zu folgen (Originalton Maria Weinberger: „Du darfst nicht alles glauben, was ich sage!"). So entstehen oft Wortmalereien wie z.B.:
„Der Ossi hat sich beim Spielen mit den Kindern verletzt – am Hals!"
„Um Gottes Willen, das ist ja gefährlich –"
„Nein, nicht am Hals, am Halsknochen."
„Du meinst an der Halswirbelsäule?"
„Nein, weiter unten, etwas mit Ober ..."
„Meinst Du den Oberschenkelhalsknochen?"
„Ja, ich glaube, so heißt das Ding."

Maria hat ein großes Herz für alle, denen es nicht gut geht; sie ist tolerant und hilfsbereit; offen für andere Kulturen und Religionen; aufgeschlossen für Neues (im zarten Alter von 79 Jahren hat sie sich von heute auf morgen einen Computer gekauft, auf dem sie ihre Bilder katalogisiert, Schach und Karten spielt und das alles ohne Vorkenntnisse!), sie besucht Kurse und Vernissagen und wenn es sein muss, das Casino; sie reist, schwimmt, mäht den Garten mit der Sense; schneidet sich selbst die Haare („Friseure kann ich nicht ausstehen, weil sie alles wegschneiden ..."), kann ausdrucksstark und gestenreich erzählen; liebt Katzen („Schau, jetzt spricht er – der Hauskater – mit mir, wie er mich anschaut mit seinen grünen Augen – wenn ich nur verstehen könnte, was er mir sagt!") und Blumen („Ich weiss, so schön wie ihr seid, kann ich euch nicht malen – ich tu es aber trotzdem") und sie hat Humor, nur soll er nicht verletzen, sonst ist es nicht lustig.

Nur eines mag Maria nicht: Wenn sie glaubt, man will sie für dumm verkaufen, wenn man ihr z.B. eine „blöde" Antwort gibt auf eine ernstgemeinte Frage. Da wird sie zur temperamentvollen Wildkatze und faucht, dass alle vor Schreck erstarren: „Das war doch nicht so gemeint – Entschuldigung ... Bitte, bitte, tu uns nichts, wir mögen Dich und Deine Fähigkeit, uns unsere Fehler manchmal gnadenlos aufzuzeigen – danke – wir werden daran arbeiten, aber bitte zieh die Krallen wieder ein!" Dabei ist Maria vom Sternzeichen her keine Raubkatze; als Widder hat sie zwar imposante Hörner, die sie in ihrer Gutmütigkeit aber nur im äußersten Fall einsetzen würde. Den Aszendenten sollte man halt kennen, vielleicht Löwe?!
„Na gut!!"

Noch ein Geheimnis: Wenn der Preis eines Bildes sehr hoch erscheint, dann hofft die Künstlerin, dass es niemand kaufen wird, weil sie es in Wirklichkeit gar nicht hergeben will!

Es ist aber auch schon vorgekommen, dass sie ein wertvolles Bild um einen Euro verkauft oder Bilder für gute Zwecke (Rotes Kreuz und Seniorenwohnheime) verschenkt hat.

Inge Pfeffer-Tillian

Mei liabe Maria!

80 Jahr, dös is scho a b'sonders Fest;
und sicher erscheint då a Menge von Gäst.
Sogår a Buach wird's geb'n zu Deiner Ehr' –
und åndere G'schenke – no viel mehr.
Und drum möcht' i Da nåch långem Überleg'n und Denken
natürli a wås b'sonders schenken.
Es soll wås sei, wås Di a g'freit,
denn uns zwoa verbind't
scho gånz a långe Zeit.
Woaßt es no, vor so viel Jåhr –
wia i in St. Andrä Dei Schulkind wår?
I erinner' mi scho gånz genau –
für uns ålle wårst Du die schönste Frau!
Jung, rotblond g'lockt und lauta modisch's G'wånd,
dös wår in dera Zeit scho ållerhånd.
Und Dei Stimm', dös wår a Markenzeich'n –
de is heut' no mit koana åndern zu vergleich'n.
Zeichnen und Turnen – dös håst uns beibringa soll'n –
i glaub', mei Kleckserei håt Da sicha nia g'fålln.
Und trotzdem håst mi nia kritisiert oder ausg'låcht,
sondern mit a poar Pins'lstrich
fåst a Gemälde draus g'måcht.
Irgendwånn bin a i dånn Lehrer worn –
auf de Weis' håma uns nie aus de Aug'n verlor'n.
A poar Måhl – i hätt's net kenna hoff'n –
håm wir zwoa uns am Professsor'n-Schikurs troff'n.
Schifåhr'n, Liadl'n und a Hütt'ngaudi måch'n –
Wånn i z'ruckdenk: då wår's wirkli oft zum Låch'n.
A Zeit lång håma dånn nix g'hört von einand;

do plötzli wår ma in der Leh'ner Hauptschul' beinånd.
Und dort håb i glei vom Ånfång ån g'spürt:
Du håst Dei Schulkind åls „Kollegin" akzeptiert.
Für dös bin i Da heut' no dånkbår – ganz g'wiß,
weil dös sicher net selbstverständli is!
No wås håb' i g'schwind g'seh'n – ohne Fråg':
daß Di an iada von de åndern Lehrer schätzt und måg.
Die lången Konferenzen håst Du mit Bonmots gewürzt
und mit Charme und Lässigkeit oft åbgekürzt.
Und wenn da Chef vom Hundertsten
ins Tausendste is kumma,
håst eahm einfåch den Wind aus de Segeln g'numma.
Lustige und traurige G'schicht'n håt's in der Schul' geb'n –
so, wia sie hålt g'schrieb'n håt unser Leb'n.
Außer Dir håb i dort – und i såg's gånz off'n,
a no oan meiner „Lebensmensch'n" troff'n.
Làng vorausgånga is a uns – in a åndere Welt;
åber er håt maållweil g'sågt,
wiaviel die Erinnerung zählt.
Irgendwånn håt's mi dånn in d'Steiermårk verschlåg'n,
åber sogår dös håt unsere Freundschåft verträg'n.
Im Sommer amål – beim Heurigenfest –
seids Du und Dei Hans meine Gäst' gewest.
I glaub', es håt Euch bei uns recht guat g'fåll'n
und Du håst a Menge Skizzen g'måcht zum Mål'n.
An etla Bilder hängen von Dir auf unsere Wänd' –
Du woaßt jå: wir san süchtige Såmmler – ohne End'!
So månches Fest håbt's mit Eurer Anwesenheit verschönt
und mi ållweil mit Zeichn'n der Zuneigung verwöhnt.
I moan, daß ma sehr in Gedånken verbunden wår'n
Und i håb die Trauer mit Dir teilt, wia Dei Hans is g'storbn.
In dera Zeit håb i ma viel Sorgen um Di g'måcht,
do då san mia kloan Mensch'n hilflos geg'n die Himmelsmåcht.
Gott sei Dånk håst Dei Leb'n båld
wieda in Deine Künstlerhänd' g'numma
und bist dånn sogår zur Kapelln'segnung nåch Rohrbåch kumma.
Für mi war dös a b'sondre Zeit,
weil mi B'suach aus Sålzburg auf jed'n Fall g'freit.
Im Kunstraum san Deine Bilda g'hängt – zur Zier,
die håb'n an iadn g'fålln – net nur mir.
Sehr dånkbår bin i dem Schicksål – mei'm Leb'n,
daß es mir Di åls Lehrer und Freundin håt geb'n.

Rupert Gredler

Bemerkungen zur Malerei von Maria Weinberger-Gwiggner oder: Das Unmittelbare ist das Schwerste

Rede zur Eröffnung der Ausstellung „Sonne, Wasser und Schiffe" von
Maria Weinberger-Gwiggner im Atelier Vierhauser, Salzburg, 2004

Sehr geehrte Damen und Herren, liebe Freunde,

Maria Weinberger hat mich, der ich selber Maler bin, gebeten, ein paar Worte über ihre Malerei an Sie zu richten, und ich tue das sehr gerne. Ich will versuchen, mich ihren Bildern, hier in diesem interessanten Raum, zu nähern, und zwar mittels eines Bildes:

Einen Mastbaum, den Bug, das Heck, den Rumpf, das Ruder, all das braucht ein Schiff; was aber ist ein Schiff? „Es ist die Freiheit", sagt Captain Jack Sparrow – genial verkörpert von Johnny Depp in dem Mantel- und Degenepos „Fluch der Karabik". Dieser Film basiert übrigens auf einer Geschichte von Walt Disney, womit wir schon mitten im Land der Bilder sind.

Und später, nachdem er das Böse in der Gestalt des Captain Barbossa besiegt hat, und wieder Herr auf seiner geliebten Black Pearl, dem schnellsten Schiff weit und breit, geworden ist, raunt der Haudegen Sparrow seiner Mannschaft zu: „Und jetzt bringt mich an den Horizont".

Ein Märchen über die Sehnsucht, so schön wie die Sehnsucht nach dem Horizont und nach der Freiheit im Horizont in den Bildern von Maria Weinberger, hier in diesem Raum.

Ich sehe die Sehnsucht nach dem Schauen, dem Kennenlernen von Leuten, Landschaften und Ländern. Es ist keine unerfüllte Sehnsucht, ganz und gar nicht, denn auch ich nehme die Lust am Schauen und Kennenlernen von Leuten, Landschaften und Ländern und die Lust am Erzählen davon und darüber wahr.

Maria Weinberger erzählt in einer unverwechselbaren, ganz persönlichen und, das ist die besondere Qualität, unmittelbaren Handschrift.

Diese Unmittelbarkeit und Echtheit ist so wertvoll.

Aber, ich sage das aus eigener Erfahrung, diese Unmittelbarkeit ist sehr anstrengend, und sie wird von einem mittelmäßigen Kunst- und Kulturmanagement gar nicht geschätzt.

Warum?

Weil die geschwätzige Mittelmäßigkeit, ja Lieblosigkeit, sich nicht vermittelnd einbringen kann. Was aber kann Malerei, was kann Kunst mehr leisten, als genau das, was die Arbeiten von Maria Weinberger unablässig tun: Sie bringen uns Betrachter nämlich zum Innehalten und laden uns ein, in eines ihrer Schiffe zu steigen und mitzusegeln, dorthin, wo Wind und Strömung uns tragen.

Letztendlich steigen wir in eines unserer Schiffe der Sehnsucht und Phantasie, irgendwo da draußen im Ozean der Ideen, damit wir unsere eigene Reise tun. Unterwegs können wir erahnen und sehen, worum es in der Malerei von Maria Weinberger und in der Malerei überhaupt geht.

In der Zwischenzeit hat Maria Weinberger schon wieder den Pinsel zur Hand genommen und plant ihr nächstes Abenteuer.

Denn auch Malen ist Abenteuer im Kopf.

Das Mitnehmen gelingt Maria Weinberger so gut, so überzeugend, weil sie mit ihrem Pinsel auf ihrer gewählten Seekarte oder Landkarte, vielleicht auch Schatzkarte, jedenfalls auf ihrer Bildebene suchend und erobernd umherstreicht.

Ganz persönlich, ganz unmittelbar. Inhalt und Form sind ineinander verzahnt. Und das ohne List und Tücke; das zu erwähnen, ist mir besonders wichtig. Wir dürfen volles Vertrauen haben in ihr Kapitänspatent.

Maria Weinberger malt Schiffe, die sie kennt und solche, die sie nicht kennt; mit denen sie vielleicht einmal segeln möchte. Sie malt Landschaften, wo sie war und wo sie hin möchte, sie malt Blumen, wie sie sind und wie sie sein könnten.

Sie tut das mit viel Liebe und sehr gut, und über die Zeit merken das die Menschen. Es ist keine laute Malerei, das ist ihre Qualität. Warum auch laut, auch in der Stille wächst die Blume der Freude.

Dafür malt Maria Weinberger mit Humor, mit scharfem Auge für das Szenische und mit liebevollem Blick.

Ich frage Sie, sehr geehrte Damen und Herren: Haben Sie in einer Abhandlung über eine Künstlerin oder einen Künstler schon jemals gelesen, dass die Künstlerin oder der Künstler Freude an ihrer oder seiner Arbeit hatte, dass diese Freude der Betrachter wahrnimmt und, wie das Wort sagt, „fürwahr nimmt" und sich anstecken lässt?

Ich habe so etwas noch nie gelesen, und doch ist es das Wichtigste, was Kunst an die Menschen bringen kann. Und nicht nur die Kunst, beinahe jede menschliche Betätigung.

Ich jedenfalls spüre diese unverhohlene Freude in den Arbeiten von Maria Weinberger und dafür gratuliere ich ihr.

Denn, das ist nicht so einfach und es ist revolutionär: Freude spüren lassen.

Viel leichter ist es Gewalt, Zerstörung, Angst und Schrecken zu verbreiten. Natürlich, weil uns das alles bedroht. Käme ein Wesen von einem anderen Stern und würde unsere Filme und unsere Geschichte sehen, es wäre nicht lange hier auf Erden.

Aus diesem Grund dürfen wir uns mit Maria Weinberger über diese Ausstellung freuen.

Ich danke Ihnen.

Maria Weinberger, geb. Gwiggner

1925
geboren am 28. März in St. Gilgen, Salzburg.
Ab dem vierten Lebensjahr Freude mit Papier und Farbstift.
Schul- und Studienzeit in Wien, seit der Jugendzeit Beschäftigung mit Malerei.
1. Klasse Volksschule: „Alles aus! Linkshändig verboten, rechtshändig Pflicht!".
2. Klasse Volksschule: „Nachsitzen wegen Zeichnens unter der Bank, noch dazu linkshändig!".
1. Klasse Hauptschule: Thema: „Es brennt!" – Gelb, rot, schwarz! „Zu wild" – schlechte Zeichennote.
2. Klasse LBA in Wien, 1943: Der Zeichenprofessor findet: „Du kannst zeichnen!" Es folgt große Arbeit für die Ausstellung: „Die Babenberger in Österreich (Ostmark)" in Berlin.
Immer noch Krieg, keine Aussicht auf künstlerische Laufbahn.

1944–1981
Lehramt im öffentlichen Schuldienst in Wien und Salzburg.

1946
Erste Aquarelle als Beginn einer kontinuierlichen Malerei.

1950
Umzug von Wien nach Salzburg.

1951
Heirat mit DDr. Franz Weinberger, Facharzt (und Schriftsteller) in Salzburg; seit 1983 verwitwet.

1951–1983
Studienreisen rund ums Mittelmeer (Tunesien, Libanon, Syrien, Ägypten), in die UdSSR, oftmals in die USA, nach Kanada, den Baltischen Staaten, Madeira, Litauen, auf die Kanaren; jede Reise ein Anlass zum Malen.

1952
Erstes Ölbild entsteht

1957
Besuch der „Schule des Sehens" bei Oskar Kokoschka, Hohenfestung Salzburg.
Erste Amerika-Reise.
Seit Ende der 50er Jahre oftmalige Teilnahme an Malwochen gemeinsam mit anderen Kunsterziehern, in Österreich und in südlichen Ländern.

1959
Illustrationen (Federzeichnungen) in: „Unser Lesebuch" für 3. Klasse Hauptschule.

1970–1980
Beteiligung an Gemeinschaftsausstellungen.

1981
Eintritt in den Ruhestand, Malerei ab jetzt als full time-Verpflichtung.

1985
Beginn mit Einzelausstellungen.

Seit 1986
Intensives Malen mit Partner Hans Urbanek.

Seit 1991
Mitglied der Berufsvereinigung bildender Künstler Österreichs, Salzburg.

Seit 2003
Mitglied der Zinkenbacher Malerkolonie, St. Gilgen.

2003
Tod von Hans Urbanek.

Maria Weinberger-Gwiggner lebt in Salzburg.

Einzelausstellungen

1985 Forum West, Philharmonikergasse, Salzburg

1990 Galerie Dimo, Lengfelden/Salzburg

1993 Galerie in der Franziskanergasse, Salzburg

2003 Schloss Rohrbach, St. Josef, Steiermark

2004 Atelier Vierhauser, Salzburg

2004 Salzburger Sparkasse, Nonntal, Salzburg

2005 Rathaus, Kulturamt Stadt Salzburg

2005 Kunstmesse Salzburg

Gemeinschaftsausstellungen

1970 Flughafen Salzburg („Kunsterzieher stellen aus")

1975 Traklhaus, (Bildungswerk) Salzburg („Salzburger Lehrer als Maler")

1991 Galerie im Sterngarten, Salzburg

1992 Galerie Dimoderne, Salzburg

1992 Berufsvereinigung Bildender Künstler, Berchtoldvilla, Salzburg ("Mutter – Madonna – Medea")

1993 Schloss Seeburg, Seekirchen („Drei Generationen – Drei Lehrer – Drei Künstler")

      BV Berchtoldvilla, Salzburg

1994 Stadtkrug Hallein (gemeinsam mit Partner Hans Urbanek)

1995 Adam Mickevicius-Bibliothek, Vilnius, Litauen (mit Hans Urbanek), auf Einladung des Kulturministeriums Litauen („Künstler aus Österreich")

1996 „h" für die Kunst, Salzburg (mit Hans Urbanek)

1997 Galerie in der Franziskanergasse, Salzburg (mit Hans Urbanek)

1998 Bilderbazar für das Rote Kreuz im Café Tiffany, Salzburg (mit Hans Urbanek)

2000 1. Kunstauktion des Roten Kreuzes, Landesverband Salzburg (mit Hans Urbanek, Erlös zur Gänze für das Rote Kreuz, wie 1998)

      Seniorenheim Elsbethen, Salzburg (mit Hans Urbanek)

2001 Galerie in der Franziskanergasse, Salzburg

      Galerie Uiberreither, Salzburg („Die Welt ist bunt", mit Hans Urbanek)

2002 Berufsvereinigung, Berchtoldvilla, Salzburg

2004 Berufsvereinigung, Berchtoldvilla, Salzburg

Arbeiten von Maria Weinberger-Gwiggner befinden sich im Besitz der Stadt Salzburg, im Seniorenhaus Elisabeth, Elsbethen, Schloss Rohrbach/Stmk. und in privaten Sammlungen.

Bibliografie

Illustrationen von Maria Weinberger-Gwiggner in: „Unser Lesebuch". Für die 3. Klasse Hauptschule. Salzburg, 1959, Otto Müller Verlag.

Publikationen zu Ausstellungen von Maria Weinberger-Gwiggner:

Maria Gwiggner-Weinberger (sic!): Aquarelle, Acrylbilder. Eigenverlag, Salzburg 1990. Text: Christian Strasser.

Maria Weinberger-Gwiggner: Erlebtes, Ersehenes, Erdachtes. Eigenverlag, Salzburg 1998. Vorwort: Maria Weinberger.

Maria Weinberger-Gwiggner: Blumen sind Freudenspender. Katalog „für Freunde und Bekannte zur Jahrtausendwende". Eigenverlag, Salzburg 1999/2000.

1. Kunstauktions-Katalog. Österreichisches Rotes Kreuz, Landesverband Salzburg 2000.

Maria Weinberger-Gwiggner: BildKalender 2001. Eigenverlag, Salzburg 2001.

Maria Weinberger-Gwiggner: Begleiter durch das Jahr 2004. Eigenverlag, Salzburg 2004.

Maria Weinberger-Gwiggner: Neue Bilder. Folder zur Ausstellung in der Salzburger Sparkasse, Nonntal. Salzburg 2004.

Beiträge und Kritiken über Maria Weinberger-Gwiggner in:

Künstlerinnen in Salzburg. Monographische Reihe zur Salzburger Kunst. Hg. v. Barbara Wally. Salzburg 1991.

Salzburger Volkszeitung, 29.1.1993, S. 11: „Die Neuen können sich sehen lassen" (Robert Wolf).

Salzburger Volkszeitung (Dat. unbek.) 1996, o.S. Ausstellungshinweis.

Salzburger Volkszeitung, 27.2.1997: „Immer auf der Suche sein" (Robert Wolf).

Salzburger Nachrichten, 22.2.1997: Abb. „Camara de Lobos", 1988 von Maria Weinberger.

Salzburger Nachrichten, 13.5.2000: „Spontanhilfe" (250.000 S flossen in den Topf des Roten Kreuzes ...) mit Werkabb.

Lesebuch-Illustrationen von Maria Weinberger-Gwiggner, 1959

Bilder von Maria Weinberger-Gwiggner

1 Untersberg. 1946

91 Ohne Titel. 1985

2 Heumandln. 1950

18 Blumen aus dem Bauerngarten. 1966

9 Faak, Kärnten. 1965

111 Schönes Bukett. 1966

8 Alte Mühle mit Türkenkopf, Kärnten. 1965

22 Teresitas, Teneriffa. 1966

32 Novigrad, Meerseite. 1967

69 Gehöft in Connecticut. 1984

200 Weiße Rosen. 1990

Stille Bilder

104

106

105

118

101

100

103

108

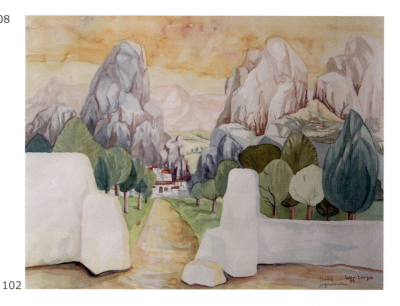
102

190

107

99

116

114 Olivenhain. 1987

115 Kornaten-Inseln. 1987

63 Stillleben. 1983

113 Gespräch. 1986

249 Drei hohe Vasen und Schüssel. 1991

236 Gebändigt im Krug. 1991

218 Ohne Titel. 1991

146 Rosa Gladiolenstrauß. 1989

562 Blaugelber Traum. 2002

214 New York. 1990

485 Blick vom 13. Stock. 2000

659 Queen Mary, die alte. 2004

178 Stadtteil in New York. 1989

269 Am Hudson River. 1992

418 Morgen in New York. 1998

501 Brooklyn. 2000

410 Am Broadway. 1998

194 Drei Boote. 1990

268 Funchal. 1992

680 Sonne, Wasser und Schiffe. 2004

701 Am Zeller See. 2004

426 In Oval. 1998

272 Orthodoxe Kirche in Russland. 1992

516 Vorbereitung für Carnevale a Venezia. 2001

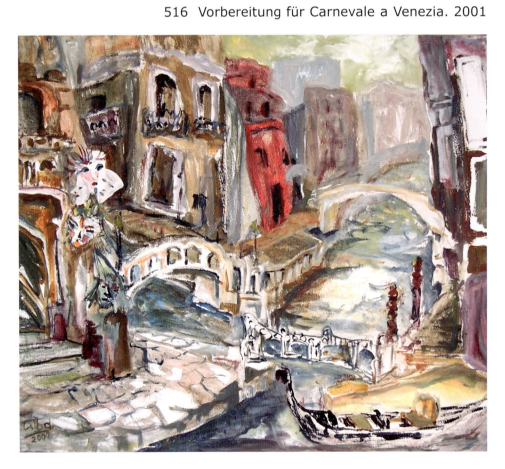

315 Ruperti-Kirtag 94. 1994

Bilder zum Nachdenken

317

273

469

261

232

296

239 Frauen im Krieg (Serie: Golfkrieg). 1991

433 Vereinte Religionen. 1999

389 Garten Allah I. 1998

62 Moskau. 1982

351 Am Canale Grande. 1996

702 Gardasee. 2004

304 In roter Vase. 1993

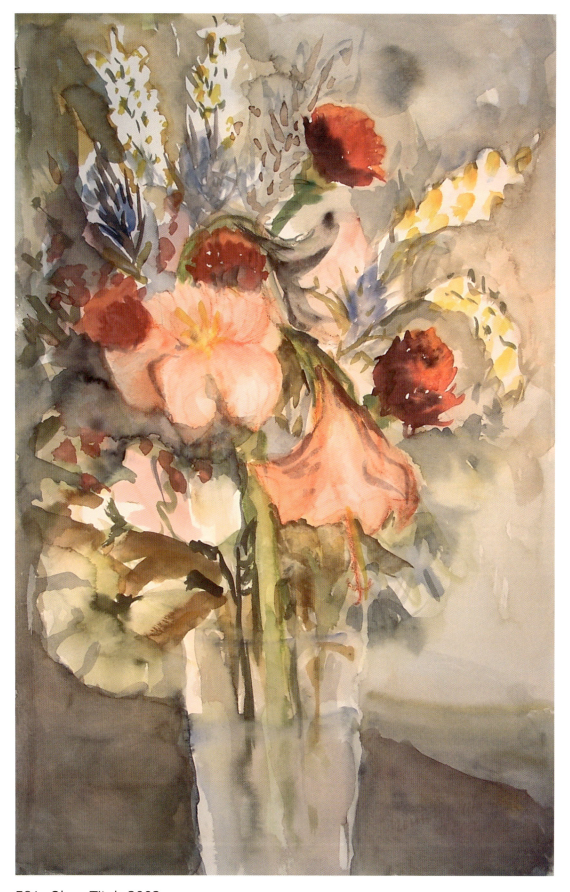

581 Ohne Titel. 2002

531 Pfingstrosen. 2001

305 Blumen in Vasenensemble. 1993

554 Auf bewegter See. 2002

551 Der Heimweg. 2002

596 Sonnenblumenfeld. 2003

132 Mohnblumen im Gegenlicht. 1988

128 Rosa Strauß in Kugelvase. 1988

422 Drei Birken. 1998

306 In Gneis. 1993

301 Nach Besuch der Kellergasse. 1993

285 Fischerboote. 1992

494 Fabelwesen. 2000

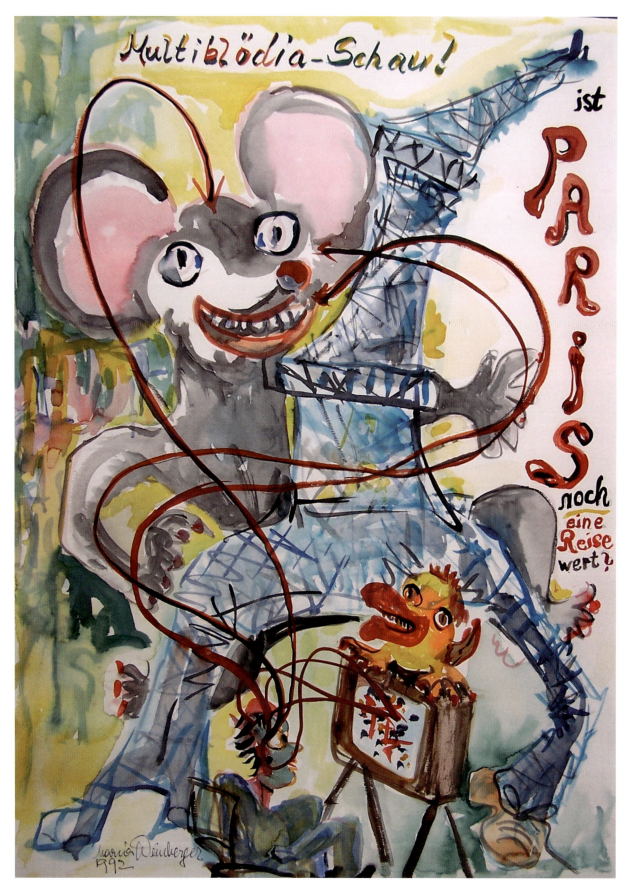

274 Multiblödia-Schau. 1992

150

16

297

Heitere Bilder

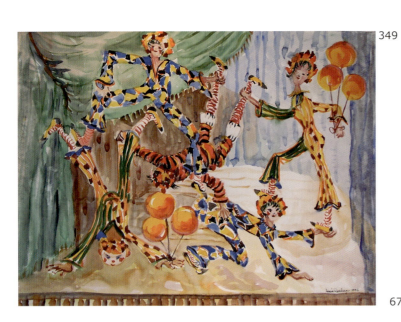

349

94

676

316

251

310

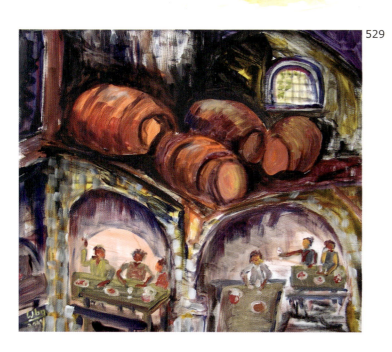

529

674

202 Vorschlag für Faistauer-Preis 1991. 1990

671 Ohne Titel. 2004

322 Blue Rhapsody. 1995

498 Strauß und Striche. 2000

282 Blumen am Fenster. 1992

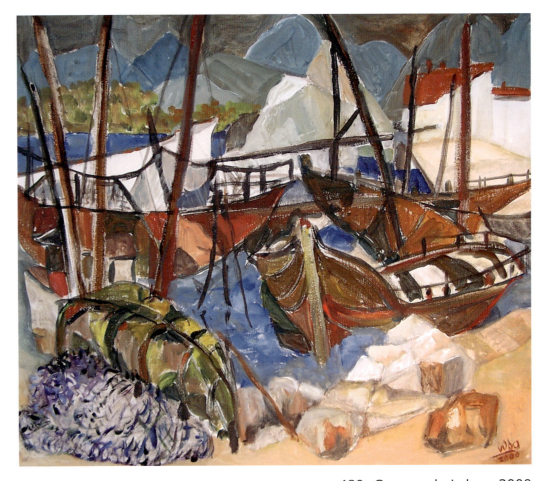

480 Camara de Lobos. 2000

347 Bäume im Gebirge. 1996

353 Südlicher Hafen. 1996

237 Bergdorf, Peloponnes. 1991

332 Stillleben mit Sonnenblumen. 1995

476 Kapuzinerkresse. 2000

675 Peloponnes, Griechenland. 2004

380 Blumen 5. 1997

376 Rosen und Asparagus in hoher Vase. 1997

382 Blumen 10. 1997

477 Gescheckter Blumenstrauß. 2000

582 Ohne Titel. 2002

547 Rosa Rosenstrauß. 2001

660 Auch dieses ein Geschenk. 2004

668 Torri del Benaco. 2004

687 Pai di Sopra. 2004

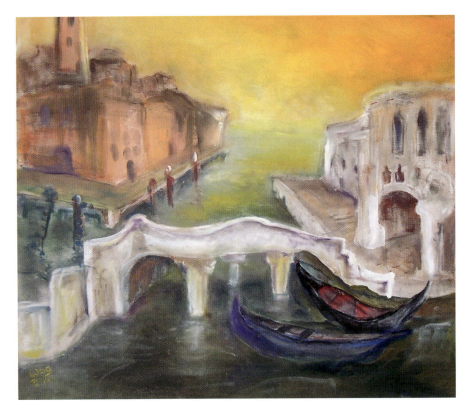

665 Venedig am Morgen. 2004

669 Venedig vor dem Sturm. 2004

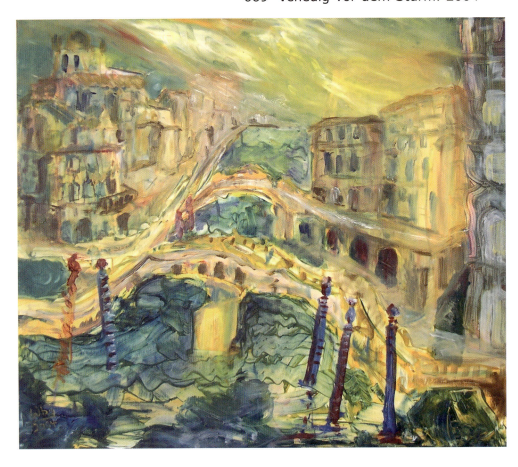

684 Everybody needs a home. 2004

550 In Porzellanvase. 2002

254 Blumenarrangement. 1992

603 Tulpen II. 2003

579 Gemischter Strauß. 2002

578 Lieblingsblumen, lila. 2002

320 Papageientulpen. 1995

338 Phantasie-Serie III. 1996

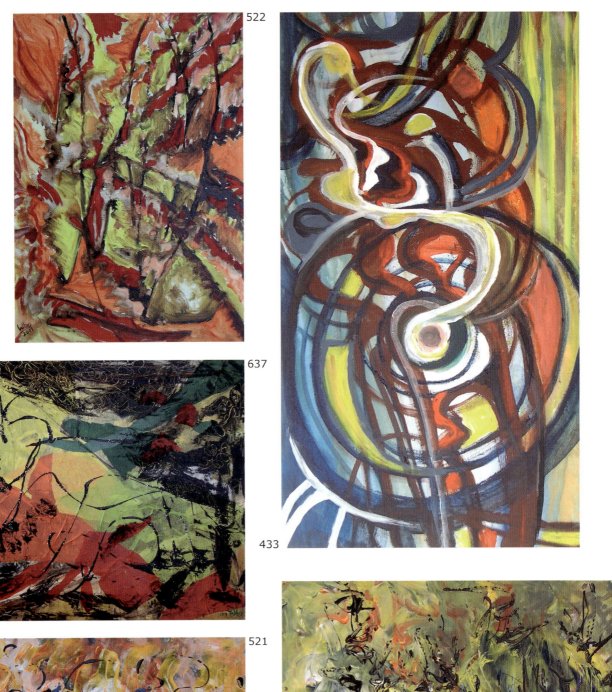

522

637

433

521

560

Gegenstandslose Bilder

339

155

337

636

534

691 Collage in blau. 2004

664 Badeplatz am Gardasee. 2004

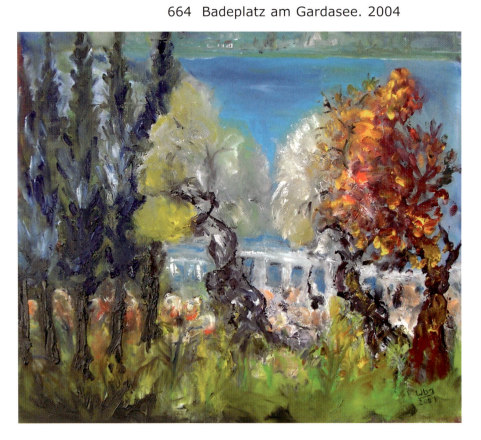

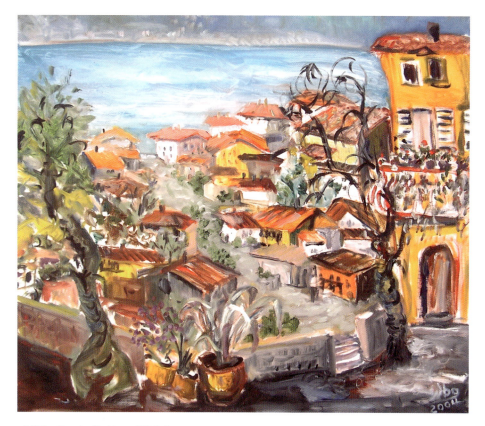

667 Castelletto. 2004

693 Sonnenblumen in der Toskana. 2004

720 Heller's Garden 2. 2005

726 Gedeckter Tisch im Atelier. 2005

3

5

12

23

26

14

40

31

17

38

29

20

 55
 15
 43
 49
 57
 53

112

89

59

24

58

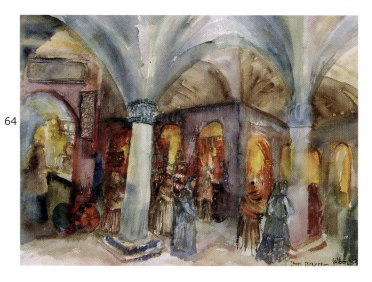

64

 133

 127

 117

 92

151

 126

130

97

425

134

119

187

95

334

319

359

68

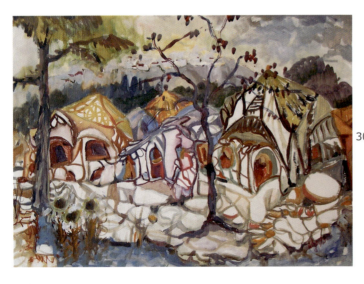

300

250

 384 377

 224 454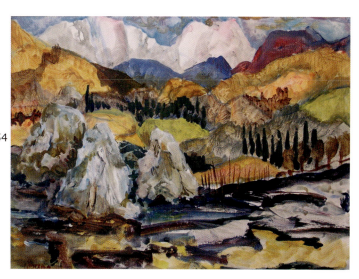

 72 212

434

397

373

363

361

368

 350

 344

 217

 392

 286

 227

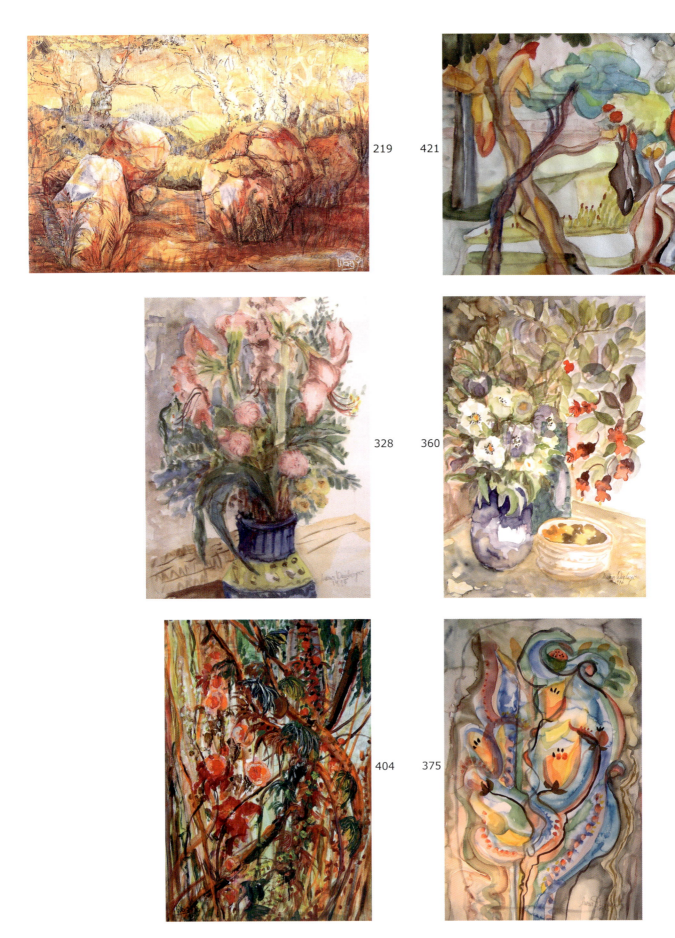

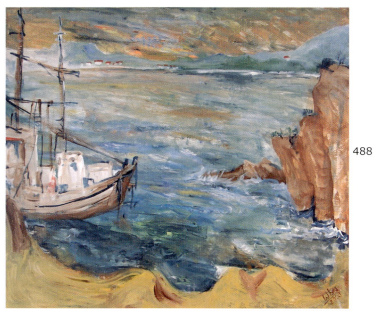 488

 509

 499

 481

 508

 495

518

542

540

545

530

483

 496

 537

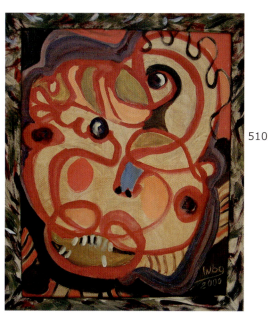 510

 524

 532

 641

 482

 634

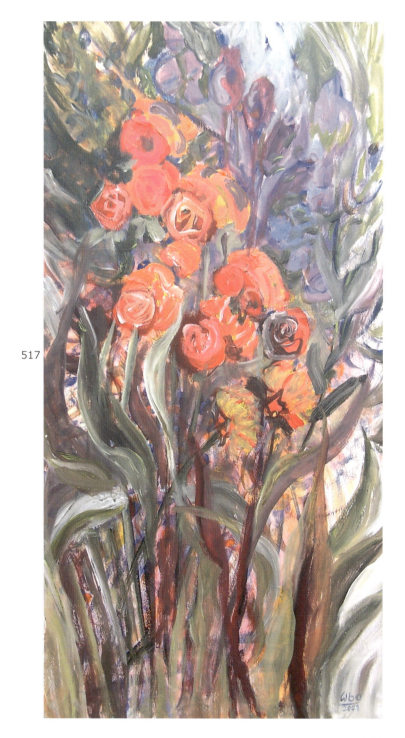

365   517

141

 627
 599
 652
 628
 553
 648

632

472

618

616

643

640

Maria Weinberger und Hans Urbanek: Partnerbild. 2001.
Acryl/Leinenmappe, 50 x 65 cm.
Sign. rechts unten.

Bilder von Hans Urbanek

1 Ohne Titel. 1995

2 Tanz. 1997

3 Verlockung. 1993

4 Glückliche Familie. 1995

5 Ohne Titel. 2001

6 Ohne Titel. 1998

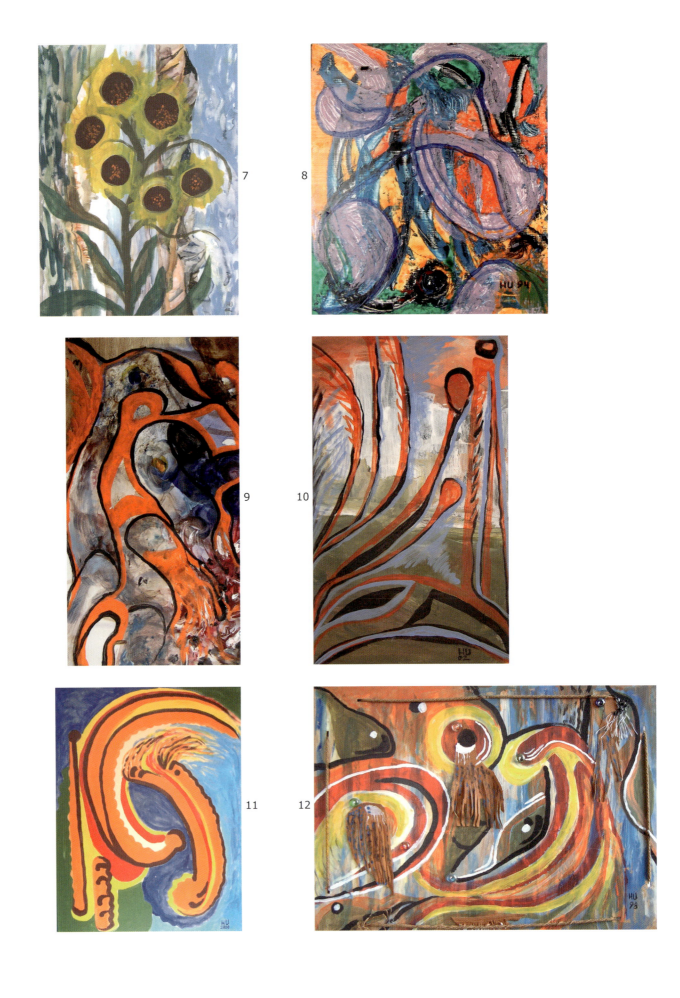

 13

 14

 15

 16

 17

 18

19 Ohne Titel. 2002

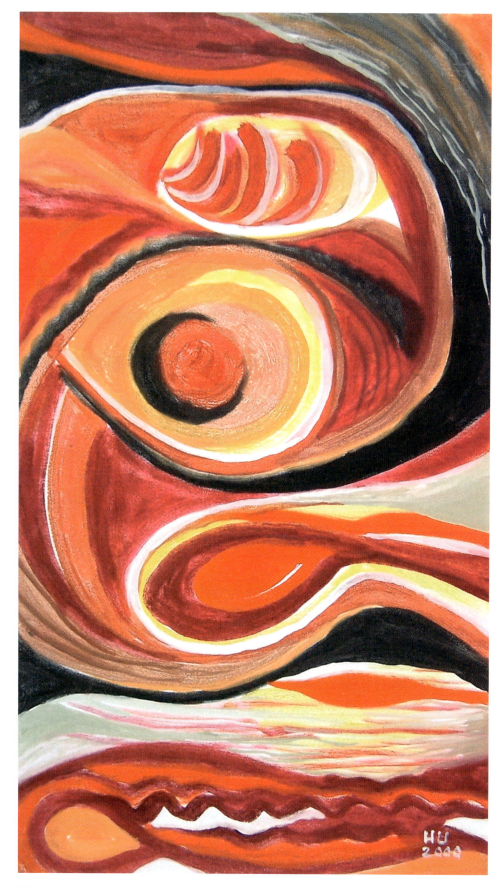

20 Ohne Titel. 2000

Hans Urbanek

Hans Urbanek (Wien 1919–2003 Salzburg) war von 1986 bis zu seinem Tode der Lebensgefährte von Maria Weinberger-Gwiggner und gelangte durch ihren Einfluss zum Malen.

Seine Arbeiten zeigte er in folgenden Ausstellungen:

1992	Privatatelier Parkstraße, Salzburg
1993	Galerie Didier Morteveille, Salzburg
	Café Sezession, Salzburg
1994	Stadtkrug, Hallein (mit Maria Weinberger-Gwiggner)
1995	Adam Mickevicius Bibliothek, Vilnius, Litauen, auf Einladung des Kulturministeriums Litauen „Künstler aus Österreich" (mit Maria Weinberger-Gwiggner)
1996	„h" für die Kunst, Salzburg (mit Maria Weinberger-Gwiggner)
	Galerie P. Daninger, Grödig
1998	Bilderbazar für das Rote Kreuz im Café Tiffany, Salzburg (mit Maria Weinberger-Gwiggner)
2000	1. Kunstauktion des Roten Kreuzes, Landesverband Salzburg (mit Maria Weinberger-Gwiggner, Erlös zur Gänze für das Rote Kreuz, wie 1998)
	Seniorenheim Elsbethen, Salzburg (mit Maria Weinberger-Gwiggner)
2000	SeniorenResidenz Mirabell, Salzburg (Einzelausstellung)
2001	Galerie in der Franziskanergasse, Salzburg
	Galerie Uiberreither, Salzburg („Die Welt ist bunt", mit Maria Weinberger-Gwiggner)

Die abgebildeten Gemälde von Hans Urbanek

Wenn nicht anders angegeben, befinden sich die abgebildeten Gemälde im Eigentum von Maria Weinberger-Gwiggner. Weitere Arbeiten von Hans Urbanek besitzen die Stadt Salzburg wie auch private Sammler.

1
Ohne Titel. 1995.
Aquarell/Papier, 50 x 55 cm.
Sign. rechts unten.

2
Tanz. 1997.
Acryl/Leinwand, 54 x 74 cm.
Sign. rechts unten.
Privatbesitz, Salzburg.

3
Verlockung. 1993.
Mischtechnik/Papier, 50 x 70 cm.
Sign. rechts unten.
Privatbesitz, Salzburg.

4
Glückliche Familie. 1995.
Mischtechnik/Papier, 34 x 49 cm.
Sign. rechts unten.

5
Ohne Titel. 2001.
Acryl/Leinwand, 50 x 100 cm.
Sign. rechts unten.

6
Ohne Titel. 1998.
Acryl/Leinwand, 70 x 50 cm.
Sign. rechts unten.

7
Sonnenblumen. 2002.
Mischtechnik/Papier, 62 x 48 cm.
Sign. rechts unten.

8
Ohne Titel. 1994.
Acryl/Holz, 49 x 44 cm.
Sign. rechts unten.

9
Ohne Titel. 2003.
Acryl/Karton, 45 x 25 cm.
Sign. links unten.

10
Ohne Titel. 2002.
Acryl/Leinwand, 50 x 31 cm.
Sign. rechts unten.

11
Olympisches Feuer. 2000.
Acryl/Hartfaserplatte, 70 x 54 cm.
Sign. rechts untent.

12
Indianer in Canada. 1998.
Collage, Acryl/Hartfaserplatte, 50 x 70 cm.
Sign. rechts unten.

13
Papageien-Blumen. 1999.
Acryl/Elefantenpapier, 48 x 52 cm.
Sign. rechts unten.

14
Ohne Titel. 2003.
Acryl/Leinwand, 50 x 60 cm.
Sign. rechts unten.

15
Ohne Titel. 2002.
Acryl/Leinwand, 30 x 60 cm.
Sign. rechts unten.

16
Ohne Titel. 1999.
Acryl/Karton, 38 x 57 cm.
Sign. rechts unten.

17
Ohne Titel. 1999.
Acryl/Leinenmappe, 52 x 67 cm.
Sign. rechts unten.

18
Ohne Titel. 1994.
Acryl/Hartfaserplatte, 37 x 52 cm.
Sign. rechts unten.

19
Ohne Titel. 2002.
Acryl/Leinwand, 58 x 38 cm.
Sign. rechts unten.

20
Ohne Titel. 2000.
Acryl/Leinwand, 9 0 x 50 cm.
Sign. rechts unten.

Maria Weinberger-Gwiggner
Katalog-Verzeichnis 1946–2005

1 (Abb. S. 42)
Untersberg. 1946.
Aquarell/Papier,19 x 26 cm.
Sign. rechts unten.

2 (Abb. S. 43)
Heumandln. 1950.
Aquarell/Papier, 23 x 30 cm.
Sign. rechts unten.

3 (Abb. S. 126)
Bou Saada, Algerien. 1952.
Öl/Holz, 33 x 38 cm.
O. Sign.

4
Nilbarken. 1955.
Öl/Holz, 38 x 33 cm.
O. Sign.

5 (Abb. S. 126)
Blumenmarkt-Hallen in Paris. 1955.
Öl/Hartfaserplatte, 41 x 46 cm
Sign. rechts unten.

6
Disteln vom Zwölferhorn. 1961.
Aquarell/Papier, 53 x 38 cm.
Sign. rechts unten.

7
An der Seine. 1964.
Halböl/Papier, 26 x 31 cm.
Sign. rechts unten.

8 (Abb. S. 47)
Alte Mühle mit Türkenkopf, Kärnten. 1965.
Öl/Leinwand, 30 x 35 cm.
Sign. rechts unten.

9 (Abb. S. 45)
Faak, Kärnten. 1965.
Öl/Leinwand, 55 x 45 cm.
Sign. rechts unten.

10
An der Drau. 1965.
Öl/Karton, 49 x 63 cm.
Sign. rechts unten.

11
Gailtal, Kärnten. 1965.
Öl/Karton, 49 x 63 cm.
Sign. rechts unten.

12 (Abb. S. 126)
Faaker See und Mittagskogel. 1965.
Öl/Karton, 41 x 60 cm.
Sign. rechts unten.

13
Bauernhof. 1965.
Plakatfarbe/Papier,
40 x 58 cm. Sign. rechts unten.

14 (Abb. S. 126)
Moorsee in Kärnten. 1965.
Halböl/Papier, 31 x 44 cm.
Sign. rechts unten.

15 (Abb. S. 128)
Taormina, Hafen. 1965.
Tusche/Papier, 40 x 30 cm.
Sign. rechts unten.

16 (Abb. S. 94)
Clown. 1965.
Tusche, Aquarell/Papier, 29 x 21 cm.
Sign. rechts unten.

17 (Abb. S. 127)
Bildstock in Kärnten. 1965.
Aquarell/Papier, 42 x 59 cm.
Sign. rechts unten.

18 (Abb. S. 44)
Blumen aus dem Bauerngarten. 1966.
Öl/Leinwand, 32 x 23 cm.
Sign. rechts unten.

19
Schönes Bukett. 1966.
Öl/Hartfaserplatte, 50 x 35 cm.
Sign. rechts unten.

20 (Abb. S. 127)
Ranna Stauwerk/Donau, OÖ. 1966.
Öl/Elefantenpapier, 35 x 50 cm.
Sign. rechts unten.

21
Taormina, Hafen. 1966.
Tusche/Papier, 30 x 40 cm.
Sign. rechts unten.

22 (Abb. S. 48)
Teresitas,Teneriffa. 1966.
Ölkreide/Papier, 30 x 40 cm.
Sign. rechts unten.

23 (Abb. S. 126)
Heuernte. 1966.
Aquarell/Papier, 43 x 50 cm.
Sign. rechts unten.

24 (Abb. S. 129)
Unter der Seekarspitze. 1966.
Aquarell/Papier, 29 x 39 cm.
Sign. rechts unten.

25
Karneralm. 1966.
Aquarell/Papier, 29 x 39 cm.
Sign. rechts unten.

26 (Abb. S. 126)
Pinzgauer Spaziergang. 1966.
Aquarell/Papier, 29 x 40 cm.
Sign. rechts unten.

27
Bucht vor Bakar. 1966.
Aquarell/Papier, 35 x 47 cm.
Sign. links unten.

28
Bakar, Kroatien. 1966.
Aquarell/Papier, 35 x 46 cm.
Sign. rechts unten.

29 (Abb. S. 127)
Mühlviertel, 1966.
Aquarell/Papier, 43 x 58 cm.
Sign. rechts unten.

30
Bauernblumen, im Mühlviertel. 1966.
Aquarell/Papier, 50 x 42 cm.
Sign. rechts unten.

31 (Abb. S. 127)
Novigrad, Istrien. 1967.
Öl/Hartfaserplatte, 30 x 40 cm.
Sign. rechts unten.

32 (Abb. S. 49)
Novigrad, Meerseite. 1967.
Öl/Hartfaserplatte, 30 x 40 cm.
Sign. rechts unten.

33
Novigrad, Fischerhafen. 1967.
Öl/Hartfaserplatte, 30 x 40 cm.
Sign. links unten.

34
An der Drau, Kärnten. 1967.
Öl/Papier, 37 x 54 cm.
Sign. links unten.

35
Teneriffa. 1967.
Ölkreide/Papier, 30 x 40 cm.
Sign. rechts unten.

36
Ufer mit Ruine. 1967.
Aquarell/Papier, 37 x 49 cm.
Sign. rechts unten.

37
Kirchturm in Novigrad. 1967.
Aquarell/Papier, 38 x 51 cm.
Sign. rechts unten.

38 (Abb. S. 127)
Novigrad, Hafen. 1967
Aquarell/Papier, 36 x 49 cm.
Sign. rechts unten.

39
Novigrad. 1967.
Aquarell/Papier, 36 x 49 cm.
Sign. rechts unten.

40 (Abb. S. 127)
Rittersporn. 1967.
Aquarell/Papier, 40 x 38 cm.
Sign. rechts unten.

41
Rab. 1968.
Aquarell/Papier, 28 x 40 cm.
Sign. rechts unten.

42
Bauernhäuser in den Dolomiten. 1971.
Öl/Hartfaserplatte, 58 x 45 cm.
Sign. rechts unten.

43 (Abb. S. 128)
Bauerngarten in Kärnten. 1973.
Aquarell/Papier, 30 x 42 cm.
Sign. rechts unten.

44
Blick zum Tennengebirge. 1973.
Aquarell/Papier, 36 x 48 cm.
Sign. rechts unten.

45
Sommerstrauß. 1973.
Aquarell/Papier, 28 x 40 cm.
Sign. rechts unten.

46
Blumen mit Mohnkapseln. 1973.
Aquarell/Papier, 40 x 50 cm.
Sign. rechts unten.

47
Lavsa, Kornaten. 1974.
Aquarell/Papier, 24 x 34 cm.
Sign. rechts unten.

48
Mana, Jugoslawien. 1974.
Aquarell/Papier, 23 x 33 cm.
Sign. rechts unten.

49 (Abb. S. 128)
Algerien. 1978.
Acryl/Karton, 60 x 80 cm.
Sign. rechts unten.

50
Abendstimmung am Fluss. 1978.
Aquarell/Papier, 42 x 30 cm.
Sign. rechts unten.

51
Uferpromenade am Abend. 1978.
Aquarell/Papier, 30 x 42 cm.
Sign. links unten.

52
Auf dem Heimweg. Griechenland. 1978.
Aquarell/Papier, 30 x 42 cm.
Sign. rechts unten.

53 (Abb. S. 128)
Kornaten-Insel. 1978.
Aquarell/Papier, 28 x 43 cm.
Sign. rechts unten.

54
Möwen an der Salzach. 1978.
Aquarell/Papier, 41 x 28 cm.
Sign. rechts unten.

55 (Abb. S. 128)
Igoumenitsa, Griechenland. 1978.
Aquarell/Papier, 61 x 43 cm.
Sign. links unten.

56
Peloponnes. 1979.
Aquarell/Papier, 30 x 42 cm.
Sign. links unten.

57 (Abb. S. 128)
Gelber Weihnachtsstern. 1979.
Aquarell/Papier, 40 x 30 cm.
Sign. rechts unten.

58 (Abb. S. 129)
In meinem Garten. 1982.
Aquarell/Papier, 65 x 47 cm.
Sign. rechts unten.

59 (Abb. S. 129)
Dogwoodtree, Connecticut, USA. 1982.
Aquarell/Papier, 30 x 40 cm.
Sign. rechts unten.

60
Freilichtmuseum, Mystik, USA. 1982.
Aquarell/Papier, 29 x 42 cm.
Sign. rechts unten.

61
Mystik, USA. 1982.
Aquarell/Papier, 24 x 40 cm.
Sign. rechts unten.

62 (Abb. S. 80)
Moskau. 1982.
Aquarell/Papier, 28 x 40 cm.
Sign. rechts unten.

63 (Abb. S. 56)
Stillleben. 1983.
Aquarell/Papier, 65 x 57 cm.
Sign. links unten.

64 (Abb. S. 129)
Im Basar von Istanbul. 1983.
Aquarell/Papier, 40 x 55 cm.
Sign. rechts unten.

65
Mein Garten in St. Jakob. 1983.
Aquarell/Papier, 42 x 60 cm.
Sign. rechts unten.

66
Eingang zum Basar. 1983.
Aquarell/Papier, 31 x 46 cm.
Sign. rechts unten.

67
Rab, Bucht. 1983.
Aquarell/Papier, 29 x 38 cm.
Sign. rechts unten.

68 (Abb. S. 132)
Istanbul. 1983.
Aquarell/Papier, 37 x 54 cm.
Sign. rechts unten.

69 (Abb. S. 50)
Gehöft in Connecticut. 1984.
Öl/Leinenmappe, 45 x 61 cm.
Sign. rechts unten.

70
Kerkyra, Korfu. 1984.
Öl/Leinenpapier, 36 x 48 cm.
Sign. rechts unten.

71
Wiesenblumen. 1984.
Halböl/Papier, 50 x 66 cm.
Sign. rechts unten.

72 (Abb. S. 133)
Connecticut, USA. 1984.
Aquarell/Papier, 44 x 64 cm.
Sign. rechts unten.

73
Korfu. 1984.
Aquarell/Papier, 44 x 64 cm.
Sign. rechts unten.

74
In Blau. 1984.
Aquarell/Papier, 15 x 20 cm.
Sign. rechts unten.

75
Connecticut, USA. 1984.
Aquarell/Papier, 42 x 56 cm.
Sign. rechts unten.

76
New York City. 1984.
Aquarell/Papier, 57 x 41 cm.
Sign. links unten.

77
Kerkyra, Korfu. 1984.
Federzeichnung/Papier. 30 x 40 cm.
Sign. rechts unten.

78
Blüten im Wind. 1984.
Aquarell/Papier, 39 x 29 cm.
Sign. rechts unten.

79
Bucht bei Rab. 1984.
Aquarell/Papier, 47 x 65 cm.
Sign. rechts unten.

80
Bakar, Kroatien. 1984.
Aquarell/Papier, 38 x 56 cm.
Sign. rechts unten.

81
Die Katzen meiner Schwester. 1984.
Aquarell/Papier, 41 x 60 cm.
Sign. rechts unten.

82
Seewaldsee. 1984.
Aquarell/Papier, 28 x 40 cm.
Sign. rechts unten.

83
Argirades, Korfu. 1984.
Aquarell/Papier, 39 x 49 cm.
Sign. rechts unten.

84
Feuerlilien. 1984.
Aquarell/Papier, 45 x 30 cm.
Sign. rechts unten.

85
Iris. 1984.
Aquarell/Papier, 38 x 28 cm.
Sign. rechts unten.

86
Üppige Vegetation. 1984.
Aquarell/Papier, 37 x 48 cm.
Sign. rechts unten.

87
Chinatown, NY. 1984.
Aquarell/Papier, 36 x 44 cm.
Sign. rechts unten.

88
Blumenstrauß. 1984.
Aquarell/Papier, 60 x 40 cm.
Sign. rechts unten.
Seniorenhaus Elisabeth, Elsbethen.

89 (Abb. S. 129)
Bucheben, Rauriser Tal. 1985.
Aquarell/Papier, 64 x 44 cm.
Sign. rechts unten.

90
In Lila. 1985.
Aquarell/Papier. 15 x 20 cm.
Sign. rechts unten.

91 (Abb. S. 42)
Ohne Titel. 1985.
Aquarell/Papier. 15 x 21 cm.
Sign. rechts unten.

92 (Abb. S. 130)
Seidlwinkeltal. 1985.
Aquarell/Papier, 43 x 60 cm.
Sign. rechts unten.

93
Rauriser Tal. 1985.
Aquarell/Papier, 36 x 57 cm.
Sign. rechts unten.

94
Blick ins Salzachtal. 1985.
Aquarell/Papier, 28 x 40 cm.
Sign. links unten.

95 (Abb. S. 131)
Frühling in Griechenland. 1985.
Aquarell/Papier, 28 x 40 cm.
Sign. rechts unten.

96
Am Fensterbrett. 1985.
Aquarell/Büttenpapier, 31 x 45 cm.
Sign. rechts unten.

97 (Abb. S. 131)
Strauß in Orange. 1985.
Aquarell/Papier, 70 x 60 cm.
Sign. rechts unten.

98
Auf dem Weg nach Patras, GR. 1986.
Aquarell/Papier, 50 x 66 cm.
Sign. links unten.

99 (Abb. S. 53)
Klöster in der UdssR *(Serie: Stille Bilder).* 1986.
Aquarell/Papier, 50 x 65 cm.
Sign. links unten.

100 (Abb. S. 52)
Am Wasser *(Serie: Stille Bilder).* 1986.
Aquarell/Papier, 50 x 65 cm.
Sign. links unten.

101 (Abb. S. 52)
Es blüht *(Serie: Stille Bilder).* 1986.
Aquarell/Papier, 50 x 65 cm.
Sign. rechts unten.

102 (Abb. S. 53)
Omis, Dalmatien *(Serie: Stille Bilder)*.
1986.
Aquarell/Papier, 50 x 65 cm.
Sign. rechts unten.

103 (Abb. S. 52)
Waramouk Sea, USA *(Serie: Stille Bilder)*. 1986.
Aquarell/Papier, 50 x 65 cm.
Sign. rechts unten.

104 (Abb. S. 52)
Beginn einer Liebe *(Serie: Stille Bilder)*. 1986.
Bleistift, Aquarell/Papier, 65 x 50 cm.
Sign. links unten.

105 (Abb. S. 52)
Wildpferde *(Serie: Stille Bilder)*. 1986.
Bleistift, Aquarell/Papier, 65 x 50 cm.
Sign. rechts unten.

106 (Abb. S. 52)
Blüten im Krug *(Serie: Stille Bilder)*. 1986.
Aquarell/Papier, 62 x 44 cm.
Sign. rechts unten.

107 (Abb. S. 53)
Volos, Griechenland *(Serie: Stille Bilder)*. 1986.
Aquarell/Papier, 50 x 65 cm.
Sign. rechts unten.

108 (Abb. S. 53)
Im Waldviertel I *(Serie: Stille Bilder)*. 1986.
Aquarell/Papier, 40 x 50 cm.
Sign. rechts unten.

109
Im Waldviertel II. 1986.
Aquarell/Papier, 40 x 50 cm.
Sign. links unten.

110
Großperchtenschlag. 1986.
Aquarell/Papier, 40 x 50 cm.
Sign. rechts unten.

111 (Abb. S. 46)
Waldviertel. 1986.
Aquarell/Papier, 48 x 38 cm.
Sign. rechts unten.

112 (Abb. S. 129)
Königskerzen in Vase. 1986.
Aquarell/Papier, 58 x 43 cm.
Sign. rechts unten.

113 (Abb. S. 57)
Gespräch. 1986.
Aquarell/Papier. 68 x 50 cm.
O. Sign.
Privatbesitz, Salzburg

114 (Abb. S. 54)
Olivenhain. 1987.
Tempera/Leinwand, 40 x 70 cm.
Sign. links unten.

115 (Abb. S. 55)
Kornaten-Inseln. 1987.
Tempera/Leinenmappe, 40 x 60 cm.
Sign. links unten.

116 (Abb. S. 53)
Istanbul *(Serie: Stille Bilder)*. 1987.
Aquarell/Karton, 47 x 58 cm.
Sign. links unten.

117 (Abb. S. 130)
Spitz, Wachau. 1987.
Aquarell/Papier, 46 x 66 cm.
Sign. rechts unten.

118 (Abb. S. 52)
In der Wüste *(Serie: Stille Bilder)*. 1987.
Aquarell/Papier, 50 x 65 cm.
Sign. rechts unten.

119 (Abb. S. 131)
Auf Korfu. 1988.
Acryl/Hartfaserplatte, 40 x 50 cm.
O. Sign.

120
Edgartown in Marthas Wineyard. 1988.
Acryl/Leinenmappe, 49 x 65 cm.
Sign. links unten.
Seniorenhaus Elisabeth, Elsbethen.

121
Veli Losinj, Jugoslawien. 1988.
Öl/Karton, 60 x 80 cm.
Sign. links unten.

122
Abend in Edgartown. 1988.
Acryl/Karton, 80 x 60 cm.
Sign. rechts unten.

123
Dalmatien. 1988.
Acryl/Karton, 60 x 80 cm.
Sign. rechts unten.

124
Rast. 1988.
Acryl/Karton, 48 x 66 cm.
Sign. rechts unten.

125
Motiv von den Kornaten-Inseln. 1988.
Acryl/Karton, 60 x 80 cm.
Sign. rechts unten.

126 (Abb. S. 130)
Hafen von Edgartown, USA. 1988.
Acryl/Karton, 80 x 60 cm.
Sign. rechts unten.

127 (Abb. S. 130)
Blau in Blau. 1988.
Acryl/Karton, 60 x 40 cm.
Sign. rechts unten.

128 (Abb. S. 89)
Rosa Strauß in Kugelvase. 1988.
Acryl/Karton, 60 x 40 cm.
Sign. rechts unten.

129
Fischerhafen. 1988.
Acryl/Karton, 80 x 60 cm.
Sign. rechts unten.
Privatbesitz, Salzburg.

130
Ein Traum. 1988.
Acryl/Pappe, 80 x 60 cm.
Sign. links unten.

131
Gladiolen. 1988.
Acryl/Pappe, 80 x 60 cm.
Sign. links unten.

132 (Abb. S. 88)
Mohnblumen im Gegenlicht. 1988.
Öl/Leinenpapier, 45 x 61 cm.
Sign. rechts unten.

133 (Abb. S. 130)
Am Nil. 1988.
Acryl/Papier, 64 x 46 cm.
Sign. rechts unten.

134 (Abb. S. 131)
Menemscha, Hafen, USA. 1988.
Mischtechnik/Papier, 39 x 67 cm.
Sign. rechts unten.

135
Blumen. 1988.
Mischtechnik/Papier, 68 x 50 cm.
O. Sign.

136
Altstätten. 1988.
Aquarell/Papier, 40 x 60 cm.
Sign. rechts unten.

137
Chrysanthemen. 1988.
Aquarell/Papier, 45 x 44 cm.
Sign. rechts unten.

138
Abendstimmung in der Bucht von Budva. 1988.
Aquarell/Papier, 38 x 48 cm.
Sign. rechts unten.

139
Vase auf Dekorteller. 1988.
Aquarell/Papier, 70 x 50 cm.
Sign. rechts unten.

140
Waldstück. 1989.
Öl/Leinwand, 50 x 40 cm.
Sign. rechts unten.

141
Feuer im Regenwald. 1989.
Acryl/Leinwand, 50 x 70 cm.
Sign. links unten.

142
Phantasie. 1989.
Acryl/Leinwand, 50 x 70 cm.
Sign. links unten.

143
Blumenmeer. 1989.
Acryl/Leinwand, 70 x 40 cm.
Sign. links unten.

144
Leuchtende Blüten. 1989.
Acryl/Karton, 70 x 50 cm.
Sign. rechts unten.

145
West Coast Indian, Canada. 1989.
Acryl/Pappe, 70 x 50 cm.
Sign. links unten.

146 (Abb. S. 61)
Rosa Gladiolenstrauß. 1989.
Acryl/Pappe, 80 x 60 cm.
Sign. rechts unten.

147
Makartfarben. 1989.
Acryl/Papier, 70 x 50 cm.
Sign. links unten.

148
Arabische Hochzeit. 1989.
Acryl/Papier, 50 x 70 cm.
Sign. rechts unten.

149
Im Gebirge. 1989.
Acryl/Papier, 50 x 70 cm.
Sign. rechts unten.

150 (Abb. S. 94)
Die Hexen von Ybswick. 1989.
Acryl/Papier, 70 x 50 cm.
Sign. links unten.

151 (Abb. S. 130)
Am Wasser. 1989.
Acryl/Papier, 46 x 68 cm.
Sign. links unten.

152
Tulpen in Orange. 1989.
Acryl/Papier, 70 x 40 cm
Sign. links unten.

153
Tropenwald. 1989.
Acryl/Papier, 70 x 50 cm
O. Sign.

154
Strandbar. 1989.
Acryl/Papier, 50 x 70 cm.
Sign. rechts unten.

155 (Abb. S. 121)
Ohne Titel. 1989.
Acryl/Papier, 50 x 68 cm.
O. Sign.
Privatbesitz, Salzburg.

156
Im Gebirge. 1989.
Acryl/Papier, 50 x 70 cm.
Sign. rechts unten.
Privatbesitz, Salzburg

157
Madeira, Funchal, Hafen. 1989.
Acryl/Papier, 68 x 50 cm.
Sign. rechts unten.
Rotes Kreuz, Salzburg.

158
Kamelmarkt. 1989/92.
Acryl/Papier, 50 x 70 cm.
Sign. links unten.

159
Ohne Titel. 1989.
Mischtechnik/Papier, 45 x 17 cm.
Sign. rechts unten.

160
Märchenland. 1989.
Mischtechnik/Papier, 70 x 50 cm
Sign. links unten.
Privatbesitz

161
Bewegung. 1989.
Mischtechnik/Papier, 70 x 50 cm.
Sign. links unten.
Privatbesitz

162
Arabische Träume. 1989.
Aquarell/Papier, 50 x 70 cm.
Sign. rechts unten.

163
Märchenland. 1989.
Aquarell/Papier, 70 x 50 cm.
Sign. links unten.

164
Türkenbundlilien vor dem Fenster. 1989.
Aquarell/Papier, 65 x 47 cm.
Sign. rechts unten.

165
Basar in Sousse. 1989.
Aquarell/Papier, 47 x 68 cm.
Sign. rechts unten.

166
Lila Blumen, 1989.
Aquarell/Papier, 63 x 46 cm.
Sign. rechts unten.

167
Kellergasse, Pulkau. 1989.
Aquarell/Papier, 44 x 60 cm.
Sign. links unten.

168
Yachthafen in Dubrovnik. 1989.
Aquarell/Papier, 50 x 70 cm.
Sign. rechts unten.

169
Stillleben. 1989.
Aquarell/Papier, 34 x 48 cm.
Sign. rechts unten.

170
Ohne Titel. 1989.
Aquarell/Papier, 17 x 45 cm.
Sign. rechts unten.

171
Ohne Titel. 1989.
Aquarell/Papier, 45 x 17 cm.
Sign. rechts unten.

172
Bauernhof im Gebirge. 1989.
Aquarell/Papier, 28 x 40 cm.
Sign. rechts unten.

173
Sparta. 1989.
Aquarell/Papier, 48 x 38 cm.
Sign. rechts unten.

174
Ohne Titel. 1989.

Aquarell/Papier, 50 x 70 cm.
Sign. rechts unten.

175
Amaryllis. 1989.
Aquarell/Papier, 66 x 46 cm.
Sign. rechts unten.
Seniorenhaus Elisabeth, Elsbethen.

176
Hoffnung. 1989.
Aquarell/Papier, 70 x 50 cm.
O. Sign.
Privatbesitz

177
Papageien. 1989.
Aquarell/Papier, 70 x 50 cm.
Sign. rechts unten.
Schloss Rohrbach

178 (Abb. S. 66)
Stadtteil in New York. 1989.
Aquarell/Papier, 50 x 70 cm.
Sign. rechts unten.
Privatbesitz, Salzburg

179
Sommertraum. 1989.
Aquarell/Papier, 50 x 70 cm.
Sign. rechts unten.
Privatbesitz, Salzburg.

180
Uferstimmung. 1989.
Aquarell/Papier, 50 x 70 cm.
O. Sign.
Privatbesitz, Radstadt.

181
Karneval in Venedig. 1989.
Aquarell/Papier, 50 x 70 cm.
Sign. rechts unten.
Privatbesitz, Salzburg.

182
Hexentanz. 1989.
Aquarell/Papier, 50 x 70 cm.
Sign. links unten.
Privatbesitz, Salzburg.

183
Bei Gosau. 1989.
Aquarell/Papier, 50 x 70 cm.
Sign. rechts unten.
Privatbesitz, Salzburg.

184
Die schwarze Kerze. 1990.
Öl/Leinwand, 40 x 70 cm.
Sign. links unten.

185
Korfu. 1990.
Öl/Leinwand, 50 x 70 cm.
Sign. rechts unten.

186
Blumenstrauß. 1990.
Öl/Leinwand, 50 x 70 cm.
Sign. rechts unten.

187 (Abb. S. 131)
Mein Garten Eden. 1990.
Halböl/Leinwand, 40 x 70 cm.
Sign. rechts unten.

188
Dort möcht' ich sein. 1990.
Acryl/Leinwand, 50 x 70 cm.
Sign. rechts unten.

189
Venedig. 1990.
Acryl/Leinwand, Maße unbekannt.
Sign. rechts unten.
Privatbesitz, Salzburg.

190 (Abb. S. 53)
Morgen in den Kornaten. 1990.
Acryl/Leinwand, 60 x 70 cm.
Sign. rechts unten.

191
Erinnerung. 1990.
Öl/Hartfaserplatte, 50 x 36 cm.
Sign. rechts unten.

192
Die rote Vase. 1990.
Öl/Hartfaserplatte, 50 x 36 cm.
Sign. links unten.

193
Herbstlandschaft. 1990.
Öl/Hartfaserplatte, 50 x 70 cm.
Sign. rechts unten.

194 (Abb. S. 70)
Drei Boote. 1990.
Öl/Hartfaserplatte, 35 x 50 cm.
Sign. rechts unten.

195
Studie auf dunklem Grund. 1990.
Öl/Hartfaserplatte, 50 x 35 cm.
Sign. rechts unten.

196
Meeresrauschen. 1990.
Öl/Hartfaserplatte,
36 x 50 cm.
Sign. rechts unten.

197
Blumen. 1990.
Acryl/Hartfaserplatte, 60 x 40 cm.
Sign. rechts unten.
Seniorenhaus Elisabeth, Elsbethen.

198
Die Sonne sinkt. 1990.
Acryl/Hartfaserplatte, 50 x 70 cm.
Sign. rechts unten.

199
Geburtstagsstrauß. 1990.
Acryl/Hartfaserplatte, 51 x 36 cm.
Sign. links unten.

200 (Abb. S. 51)
Weiße Rosen. 1990.
Acryl/Hartfaserplatte, 70 x 50 cm.
Sign. rechts unten

201
Blumenstrauß. 1990.
Halböl/Karton, 70 x 50 cm.
Sign. rechts unten.
Privatbesitz

202 (Abb. S. 96)
Vorschlag für Faistauer-Preis 1991. 1990.
Aquarell/Karton, 70 x 100 cm.
Sign. rechts unten.

203
Karnevalmasken. 1990.
Öl/Papier, 38 x 28 cm.
Sign. links unten.

204
Picknick. 1990.
Acryl/Papier, 60 x 46 cm.
Sign. Mitte unten.

205
Kein Attersee. 1990.
Mischtechnik/Papier, 48 x 34 cm.
Sign. a.d. rechten Bildkante.

206
Blütentanz. 1990.
Aquarell/Papier, 48 x 61 cm.
Sign. links unten.

207
Der wundersame Baum *(Serie Stille Bilder)*. 1990.
Aquarell/Papier, 70 x 50 cm.
Sign. rechts unten.

208
Spiel im Wind. 1990.
Aquarell/Papier, 47 x 60 cm.
Sign. rechts unten.

209
Obertauern. 1990.
Aquarell/Papier, 46 x 60 cm.
Sign. links unten.

210
Bewegter Strauch. 1990.
Aquarell/Papier, 64 x 44 cm.
Sign. rechts unten.

211
Marthas Wineyard, USA. 1990.
Aquarell/Papier, 35 x 50 cm.
Sign. rechts unten.

212 (Abb. S. 133)
Blumenkorb. 1990.
Aquarell/Papier, 56 x 40 cm.
Sign. rechts unten.

213
Im Zentrum. 1990.
Aquarell/Papier, 60 x 43 cm.
Sign. rechts unten.

214 (Abb. S. 63)
New York. 1990.
Aquarell/Papier, 60 x 44 cm.
Sign. rechts unten.

215
Blumenstrauß. 1990.
Aquarell/Papier, 50 x 40 cm.
Sign. rechts unten.
Seniorenhaus Elisabeth, Elsbethen

216
Herbst. 1990.
Aquarell/Papier, 50 x 70 cm.
Sign. rechts unten.
Privatbesitz, Salzburg.

217 (Abb. S. 135)
5th Avenue. 1990/98.
Aquarell/Papier, 40 x 60 cm.
Sign. rechts unten.

218 (Abb. S. 60)
Ohne Titel. 1991.
Acryl/Leinwand, 70 x 40 cm.
Sign. rechts unten.

219 (Abb. S. 136)
Avalon. 1991.
Acryl/Holz, 50 x 70 cm.
Sign. rechts unten.
Privatbesitz, Salzburg.

220
Opium. 1991.
Öl/Karton, 60 x 40 cm.
Sign. links unten.

221
Obstbaumblüte im Mostviertel. 1991.
Acryl/Karton, 60 x 80 cm.
Sign. links unten.

222
Waldstück. 1991.
Acryl/Karton, 50 x 60 cm.
Sign. rechts unten.

223
Araber – Jänner. 1991.
Acryl/Karton, 70 x 50 cm.
Sign. rechts unten.
Rotes Kreuz, Salzburg.

224 (Abb. S. 133)
Leicht verwirrt. 1991.
Acryl/Pappe, 50 x 70 cm.
Sign. links unten.

225
Gedeckter Tisch. 1991.
Acryl/Pappe, 61 x 78 cm.
Sign. links unten.

226
Herbst. 1991.
Aquarell, Acryl/Papier,
Maße unbekannt.
Sign. links unten.

227 (Abb. S. 135)
Ohne Titel. 1991.
Acryl/Papier, 50 x 48 cm.
Sign. links unten.
Privatbesitz, Salzburg.

228
Zauberberg. 1991.
Acryl/Papier, 47 x 61 cm.
Sign. rechts unten.

229
Gartenlaube. 1991.
Acryl/Papier, 42 x 57 cm.
Sign. rechts unten.

230
Farbenspiel in Gelb und Rot. 1991.
Mischtechnik/Papier, 37 x 44 cm.
Sign. rechts unten.

231
Jänner 1991 II. 1991.
Aquarell/Papier, 50 x 70 cm.
Sign. rechts unten.

232 (Abb. S. 76)
Die Hintermänner (Serie: Golfkrieg).
1991.
Aquarell/Papier, 50 x 70 cm.
Sign. rechts unten.

233
Mondsee. 1991.
Aquarell/Papier, 50 x 70 cm.
Sign. links unten.

234
Dürrnberg. 1991.
Aquarell/Papier, 50 x 70 cm.
Sign. links unten.

235
Tulpengeneration. 1991.
Aquarell/Papier, 70 x 50 cm.
Sign. rechts unten.

236 (Abb. S. 59)
Gebändigt im Krug. 1991.
Aquarell/Papier, 62 x 50 cm.
Sign. rechts unten.

237 (Abb. S. 101)
Bergdorf, Peloponnes. 1991.
Aquarell/Papier, 46 x 52 cm.
Sign. links unten.

238
Aufstieg. 1991.
Aquarell/Papier, 50 x 70 cm.
Sign. rechts unten.

239 (Abb. S. 77)
Frauen im Krieg (Serie: Golfkrieg).
1991.
Aquarell/Papier, 50 x 70 cm.
Sign. links unten.

240
Fest in Hellbrunn. 1991.
Aquarell/Papier, 48 x 62 cm.
Sign. rechts unten.

241
Triptychon. 1991.
Aquarell/Papier, 26 x 47 cm.
Sign. rechts unten.

242
In Flammen. 1991.
Aquarell/Papier, 50 x 35 cm.
Sign. rechts unten.

243
Ruperti-Kirtag. 1991.
Aquarell/Papier, 62 x 48 cm.
Sign. rechts unten.

244
Bei Patras, Griechenland. 1991.
Aquarell/Papier, 28 x 40 cm.
Sign. links unten.

245
Schönes Bild. 1991.

Aquarell/Papier, 70 x 50 cm.
Sign. links unten.

246
Gartenblumen. 1991.
Aquarell/Papier, 66 x 50 cm.
Sign. rechts unten.

247
Sommerstrauß. 1991.
Aquarell/Papier, 70 x 50 cm.
Sign. rechts unten.

248
Lilien und Fresien. 1991.
Aquarell/Papier, 66 x 46 cm.
Sign. links unten.
Seniorenhaus Elisabeth, Elsbethen.

249 (Abb. S. 58)
Drei hohe Vasen und Schüssel. 1991.
Aquarell/Papier, 66 x 46 cm.
Sign. rechts unten.
Seniorenhaus Elisabeth, Elsbethen

250 (Abb. S. 132)
Bunter Strauß in Glasvase. 1991.
Aquarell/Papier, 67 x 42 cm.
Sign. rechts unten.
Seniorenhaus Elisabeth, Elsbethen.

251 (Abb. S. 95)
Berliner Ballett. 1991.
Aquarell/Papier, Maße unbekannt.
Sign. links unten.
Schloss Rohrbach

252
Nauplia, Peloponnes. 1991.
Aquarell/Papier, Maße unbekannt.
Sign. links unten.
Privatbesitz

253
Gelbe Tulpen. 1992.
Öl/Leinwand, 70 x 40 cm.
Sign. links unten.

254 (Abb. S. 115)
Blumenarrangement. 1992.
Acryl/Hartfaserplatte, 34 x 49 cm.
Sign. links unten.

255
Blumen. 1992.
Acryl/Karton, 82 x 64 cm.
Sign. links unten.

256
Ohne Titel. 1992.
Acryl/Karton, 47 x 32 cm.
Sign. rechts unten.

257
Ohne Titel. 1992.
Collage/Karton, 60 x 40 cm.
Sign. rechts unten.

258
Blütenfest. 1992.
Acryl/Pappe, 60 x 40 cm.
Sign. rechts unten.

259
Komposition mit Tulpen. 1992.
Acryl/Pappe, 60 x 76 cm.
Sign. rechts unten.

260
Meine Trauminsel. 1992.
Acryl/Papier, 50 x 70 cm.
Sign. rechts unten.

261 (Abb. S. 76)
„Afrika", wohin? Zu den Wurzeln? 1992.
Acryl/Papier, 50 x 70 cm.
Sign. rechts unten

262
Spinnennetz. 1992.
Mischtechnik/Papier, 50 x 70 cm.
Sign. rechts unten.

263
Collage. 1992.
Mischtechnik/Papier, 66 x 47 cm.
Sign. rechts unten.

264
Auwald. 1992
Mischtechnik/Papier, 30 x 21 cm.
Sign. rechts unten.

265
Ohne Titel. 1992.
Mischtechnik/Papier, 45 x 17 cm.
Sign. rechts unten.

266
Collage New York. 1992.
Mischtechnik/Papier, 56 x 39 cm.
Sign. rechts unten.
Seniorenhaus Elisabeth, Elsbethen.

267
Der Olivenbaum. 1992.
Ölkreide/Papier, 46 x 68 cm.
Sign. links unten.

268 (Abb. S. 70)
Funchal. 1992.
Kreide, Aquarell/Papier, 46 x 66 cm.
Sign. links unten.

269 (Abb. S. 67)
Am Hudson River. 1992.
Kreide, Aquarell/Papier. 66 x 46 cm.
Sign. rechts unten.

270
Blumenstillleben. 1992.
Aquarell, Acryl/Papier, 70 x 60 cm.
Sign. links unten.

271
Phantasie-Serie VII. 1992.
Aquarell/Papier, 64 x 47 cm.
Sign. links unten.

272 (Abb. S. 74)
Orthodoxe Kirche in Russland. 1992
Aquarell/Papier, 46 x 66 cm.
Sign. links unten.

273 (Abb. S. 76)
„Runter vom ‚Hohen Ross'!" 1992.
Aquarell/Papier, 50 x 70 cm.
Sign. links unten.

274 (Abb. S. 93)
Multiblödia-Schau. 1992.
Aquarell/Papier, 80 x 60 cm.
Sign. links unten.

275
Bergwelt. 1992.
Aquarell/Papier, 50 x 70 cm.
Sign. rechts unten.

276
Pilgerreise. 1992.
Aquarell/Papier, 50 x 70 cm.
Sign. links unten.

277
Zufälle. 1992.
Aquarell/Papier, 50 x 67 cm.
Sign. links unten.

278
Blumiges. 1992.
Aquarell/Papier, 70 x 50 cm.
Sign. rechts unten.

279
La Palma. 1992.
Aquarell/Papier, 46 x 66 cm.
Sign. rechts unten.

280
Hochzeitstanz. 1992.
Aquarell/Papier, 64 x 46 cm.
Sign. links unten.

281
Festspiele in Salzburg. 1992.
Aquarell/Papier, 64 x 48 cm.
Sign. links unten.

282 (Abb. S. 99)
Blumen am Fenster. 1992.
Aquarell/Papier, 67 x 48 cm.
Sign. links unten.

283
Vogelhochzeit. 1992.
Aquarell/Papier, 68 x 48 cm.
Sign. rechts unten.

284
In Gneis. 1992.
Aquarell/Papier, 37 x 56 cm.
Sign. rechts unten.

285 (Abb. S. 91)
Fischerboote. 1992.
Aquarell/Papier, 50 x 70 cm.
Sign. links unten.

286 (Abb. S. 135)
Bunte Fischerboote. 1992.
Aquarell/Papier, 70 x 50 cm.
Sign. links unten.

287
11.11.1992 11 Uhr. 1992.
Aquarell/Papier, 49 x 69 cm.
Sign. rechts unten.

288
Spinnennetz. 1992.
Aquarell/Papier, 50 x 70 cm.
Sign. rechts unten.

289
Dahlien. 1992.
Aquarell/Papier, 70 x 50 cm.
Sign. links unten.

290
La Palma. 1992.
Aquarell/Papier, 50 x 70 cm.
Sign. rechts unten.

291
Strauß mit weißen Lilien. 1992.
Aquarell/Papier, 47 x 31 cm.
Sign. rechts unten.

292
Waldlichtung. 1992.
Aquarell/Papier, 66 x 46 cm.
Sign. links unten.
Seniorenhaus Elisabeth, Elsbethen.

293
Blumen, abstrakt. 1992.
Aquarell/Papier, 67 x 47 cm.
Sign. rechts unten.
Seniorenhaus Elisabeth, Elsbethen

294
Schmetterlinge. 1992.
Aquarell/Papier, 64 x 47 cm.
Sign. rechts unten.
Seniorenhaus Elisabeth, Elsbethen.

295
Boote am Strand. 1992.
Aquarell/Papier, 48 x 69 cm.
Sign. rechts unten.
Seniorenhaus Elisabeth, Elsbethen.

296 (Abb. S. 76)
Machos. 1992.
Aquarell/Papier, Maße unbekannt.
Sign. rechts unten.
Schloss Rohrbach

297 (Abb. S. 94)
Modenschau. 1992.
Aquarell/Papier, Maße unbekannt.
Sign. rechts unten.
Privatbesitz

298
„New York". 1992.
Aquarell/Papier, 50 x 70 cm.
Sign. rechts unten.
Privatbesitz, Salzburg.

299
Konferenz. 1992.
Aquarell/Papier, 70 x 50 cm.
Sign. rechts unten.
Rotes Kreuz, Salzburg.

300 (Abb. S. 132)
In der Kellergasse. 1993.
Acryl/Papier, 50 x 70 cm.
Sign. rechts unten.

301 (Abb. S. 91)
Nach Besuch der Kellergasse. 1993.
Acryl/Papier, 44 x 62 cm.
Sign. Mitte unten.

302
Feuervogel. 1993.
Acryl/Papier, 55 x 37 cm.
Sign. links unten.

303
Im Blumendickicht. 1993.
Aquarell, Acryl/Papier, 70 x 60 cm.
Sign. rechts unten.

304 (Abb. S. 82)
In roter Vase. 1993.
Kreide, Aquarell/Papier, 70 x 50 cm.
Sign. rechts unten.

305 (Abb. S. 85)
Blumen in Vasenensemble. 1993.
Aquarell/Papier, 50 x 70 cm.
Sign. rechts unten.
Privatbesitz

306 (Abb. S. 90)
In Gneis. 1993.
Aquarell/Papier, 28 x 40 cm.
Sign. links unten.

307
Exotisches. 1993.
Aquarell/Papier, 67 x 48 cm.
Sign. links unten.

308
Sizilien. 1994.
Aquarell/Papier, 50 x 70 cm.
Sign. rechts unten.

309
Mystras, Peloponnes. 1994.
Aquarell/Papier, 36 x 55 cm.
Sign. rechts unten.

310 (Abb. S. 95)
Sonnenblumendinos. 1994.
Aquarell/Papier, 67 x 48 cm.
Sign. rechts unten.

311
Stillleben mit Tongefäßen. 1994.
Aquarell/Papier, 40 x 30 cm.
Sign. links unten.

312
Fasching im Café Sezession. 1994.
Aquarell/Papier, 70 x 50 cm.
Sign. links unten.

313
Im Spiegel zu lesen. 1994.
Aquarell/Papier, 50 x 68 cm.
Sign. rechts unten.

314
Blumenstrauß in roter Vase. 1994.
Aquarell/Papier, 68x 48 cm.
Sign. rechts unten.
Seniorenhaus Elisabeth, Elsbethen.

315 (Abb. S. 75)
Ruperti-Kirtag 94. 1994.
Aquarell/Papier, 68 x 48 cm.
Sign. Mitte unten.
Privatbesitz, Salzburg.

316 (Abb. S. 95)
Lido. 1995.
Mischtechnik/Papier, 49 x 55 cm.
Sign. links unten.

317 (Abb. S. 76)
Traurige Gefangenschaft. 1995.

Kreide, Aquarell/Papier, 64 x 46 cm.
Sign. Mitte unten.

318
Im Lungau, Salzburg. 1995.
Aquarell/Papier, 48 x 62 cm.
Sign. rechts unten.

319 (Abb. S. 132)
Amaryllis. 1995.
Aquarell/Papier, 66 x 46 cm.
Sign. rechts unten.

320 (Abb. S. 118)
Papageientulpen. 1995.
Aquarell/Papier, 50 x 22 cm.
Sign. rechts unten.

321
Geburtstagsstrauß. 1995.
Aquarell/Papier, 64 x 48 cm.
Sign. rechts unten.

322 (Abb. S. 97)
Blue Rhapsody. 1995.
Aquarell/Papier, 49 x 35 cm.
Sign. rechts unten.

323
Ohne Titel. 1995.
Aquarell/Papier, 50 x 34 cm.
Sign. links unten.

324
Ohne Titel. 1995.
Aquarell/Papier, 48 x 24 cm.
Sign. links unten.

325
Rosen. 1995.
Aquarell/Papier, 24 x 35 cm.
Sign. rechts unten.

326
Stillleben. 1995.
Aquarell/Papier, 50 x 39 cm.
Sign. rechts unten.

327
Mohnblumen. 1995.
Aquarell/Papier, 50 x 40 cm.
Sign. rechts unten.

328 (Abb. S. 136)
Blumenstrauß in Rosa. 1995.
Aquarell/Papier, 60 x 47 cm.
Sign. rechts unten.
Seniorenhaus Elisabeth, Elsbethen.

329
Blumenstrauß, violett. 1995.
Aquarell/Papier, Maße unbekannt.
Sign. links unten.
Rotes Kreuz, Salzburg.

330
Blüten in Rot. 1995.
Aquarell/Papier, 31,5 x 24 cm.
Sign. links unten.
Privatbesitz, Salzburg.

331
Blumen. 1995.
Aquarell/Papier, 40 x 50 cm.
Sign. rechts unten.

332
Stillleben mit Sonnenblumen. 1995.
Aquarell/Papier, Maße unbekannt.
Sign. links unten.
Privatbesitz

333
Sonnenblumen. 1995.
Aquarell/Papier,
Maße unbekannt.
Sign. links unten.
Privatbesitz, Salzburg.

334 (Abb. S. 132)
Zarter Strauß. 1995.
Aquarell/Papier, Maße unbekannt.
Sign. links unten.
Privatbesitz, Salzburg.

335
Rote Rosen. 1996.
Öl/Leinwand, 70 x 40cm.
Sign. links unten.

336
Phantasie-Serie IX. 1996.
Acryl/Papier, 47 x 64 cm.
Sign. rechts unten

337 (Abb. S. 121)
Phantasie-Serie I. 1996.
Aquarell/Papier, 47 x 64 cm
Sign. rechts unten.

338 (Abb. S. 119)
Phantasie-Serie III. 1996.
Aquarell/Papier, 47 x 64 cm.
Sign. rechts unten.

339 (Abb. S. 121)
Phantasie-Serie IV. 1996.
Aquarell/Papier, 47 x 64 cm.
Sign. rechts unten.

340
Phantasie-Serie V. 1996.
Aquarell/Papier, 47 x 64 cm.
Sign. rechts unten.

341
Phantasie-Serie VI. 1996.
Aquarell/Papier, 47 x 64 cm.
Sign. rechts unten.

342
Phantasie-Serie VIII. 1996.
Aquarell/Papier, 47 x 64 cm.
Sign. rechts unten.

343
Blumenbukett. 1996.
Aquarell/Papier, 74 x 42 cm.
Sign. rechts unten.

344 (Abb. S. 135)
Waldstück im Herbst. 1996.
Aquarell/Papier, 47 x 67 cm.
Sign. rechts unten.

345
Traumlandschaft. 1996.
Aquarell/Papier, 38 x 56 cm.
Sign. rechts unten.

346
Ein Wikingerschiff. 1996.
Aquarell/Papier, 46 x 66 cm.
Sign. rechts unten.

347 (Abb. S. 100)
Bäume im Gebirge. 1996.
Aquarell/Papier, 46 x 66 cm.
Sign. rechts unten.

348
Obstbäume in der Steiermark. 1996.
Aquarell/Papier, 46 x 63 cm.
Sign. links unten.

349 (Abb. S. 94)
Der Zirkus ist da. 1996.
Aquarell/Papier, 48 x 64 cm.
Sign. rechts unten.

350 (Abb. S. 135)
Im Nebel. 1996.
Aquarell/Papier, 38 x 56 cm.
Sign. rechts unten.

351 (Abb. S. 80)
Am Canale Grande. 1996.
Aquarell/Papier, 46 x 65 cm.
Sign. links unten.

352
Lupinen. 1996.
Aquarell/Papier, 48 x 32 cm.
Sign. rechts unten.

353 (Abb. S. 101)
Südlicher Hafen. 1996.
Aquarell/Papier, 45 x 62 cm.
Sign. rechts unten.

354
Die große Blume. 1996.

Aquarell/Papier,
27 x 50 cm.
Sign. links unten.

355
Schwarze Tulpen. 1996.
Aquarell/Papier, 67 x 46 cm.
Sign. rechts unten.

356
Blumenvasen. 1996.
Aquarell/Papier, 66 x 46 cm.
Sign. rechts unten.
Seniorenhaus Elisabeth, Elsbethen.

357
Blumenstrauß. 1996.
Aquarell/Papier, 70 x 60 cm.
Sign. rechts unten.

358
Stilleben mit Tulpen. 1996.
Aquarell/Papier, 70 x 60 cm.
Sign. links unten.

359 (Abb. S. 132)
Süden. 1996.
Aquarell/Papier, 40 x 50 cm.
Sign. rechts unten.

360 (Abb. S. 136)
Calmea. 1996.
Aquarell/Papier, 70 x 60 cm.
Sign. rechts unten.

361 (Abb. S. 134)
Bäuerlicher Strauß in blauer Vase. 1997.
Öl/Leinwand, 50 x 70 cm.
Sign. rechts unten.

362
Schöner Strauß. 1997.
Öl/Leinwand, 50 x 70 cm.
Sign. rechts unten.

363 (Abb. S. 134)
Ohne Titel. 1997.
Acryl/Hartfaserplatte, 50 x 70 cm.
Sign. rechts unten.

364
Idyllische Bucht. 1997.
Acryl/Karton, 50 x 70 cm.
Sign. links unten.

365 (Abb. S. 141)
Ohne Titel. 1997.
Acryl/Karton, 45 x 17 cm.
Sign. rechts unten.

366
Camara de Lobos. 1997.
Acryl/Karton, 60 x 80 cm.
Sign. links unten.

367
Ohne Titel. 1997.
Acryl/Papier, 27 x 50 cm.
Sign. rechts unten.

368 (Abb. S. 134)
Collage. 1997.
Mischtechnik/Papier, 60 x 40 cm.
Sign. rechts unten.

369
Am Bodensee. 1997.
Aquarell/Japanpapier, 35 x 50 cm.
Sign. rechts unten.

370
Bou Saada. 1997.
Aquarell/Papier, 46 x 66 cm.
Sign. rechts unten.

371
Am Sand. 1997.
Aquarell/Papier, 55 x 37 cm.
Sign. rechts unten.

372
Abgetakelt. 1997.
Aquarell/Papier, 55 x 37 cm.
Sign. rechts unten.

373 (Abb. S. 134)
Abgestellt. 1997.
Aquarell/Papier, 55 x 37 cm.
Sign. rechts unten.

374
Unterwasser-Getümmel. 1997.
Aquarell/Papier, 38 x 55 cm.
Sign. links unten.
Privatbesitz, Salzburg

375 (Abb. S. 136)
Ohne Titel. 1997.
Aquarell/Papier, 56 x 38 cm.
Sign. rechts unten.

376 (Abb. S. 105)
Rosen und Asparagus in hoher Vase. 1997.
Aquarell/Papier, 56 x 37 cm.
Sign. links unten.

377 (Abb. S. 133)
Blumen 2. 1997.
Aquarell/Papier, 56 x 37 cm.
Sign. rechts unten.

378
Blumen 3. 1997.
Aquarell/Papier, 56 x 37 cm.
Sign. rechts unten.

379
Blumen 4. 1997.
Aquarell/Papier, 56 x 37 cm.
Sign. links unten.

380 (Abb. S. 104)
Blumen 5. 1997.
Aquarell/Papier, 56 x 37 cm.
Sign. rechts unten.

381
Blumen 6. 1997.
Aquarell/Papier, 56 x 37 cm.
Sign. rechts unten.

382 (Abb. S. 106)
Blumen 10. 1997.
Aquarell/Papier, 56 x 37 cm.
Sign. rechts unten.

383
Blumen 13. 1997.
Aquarell/Papier, 56 x 37 cm.
Sign. rechts unten.

384 (Abb. S. 133)
Fresien in lila Vase. 1997.
Aquarell/Papier, 56 x 37 cm.
Sign. rechts unten.

385
Stillleben. 1997.
Aquarell/Papier, 52 x 36 cm.
Sign. rechts unten.

386
Blumenstrauß vor Schlangenlinien. 1997.
Aquarell/Papier, 54 x 35 cm.
Sign. rechts unten.
Seniorenhaus Elisabeth, Elsbethen.

387
Blumenstrauß. 1997.
Aquarell/Papier, 60 x 40 cm.
Sign. rechts unten.

388
Strauß mit Gräsern. 1997.
Aquarell/Papier. 70 x 60 cm.
Sign. rechts unten.

389 (Abb. S. 79)
Garten Allah I. 1998.
Acryl/Leinwand, Maße unbekannt.
Sign. links unten.
Rotes Kreuz, Salzburg.

390
Wiesenstück. 1998.
Acryl/Leinwand, 64 x 49 cm.
Sign. links unten.
Privatbesitz, Salzburg.

391
Bewegter Strauß. 1998.
Acryl/Leinwand, 64 x 49 cm.
Sign. links unten.
Privatbesitz, Salzburg.

392 (Abb. S. 135)
Blühendes Beet. 1998.
Acryl/Leinwand, 64 x 49 cm.
Sign. rechts unten.
Privatbesitz, Salzburg.

393
Für das lila Zimmer. 1998.
Acryl/Leinwand, 64 x 49 cm.
Sign. links unten.
Privatbesitz, Salzburg.

394
Komposition. 1998.
Acryl/Leinwand, 64 x 49 cm.
Sign. rechts unten
Privatbesitz, Salzburg.

395
Vase mit Blumen. 1998.
Acryl/Leinwand, 65 x 50 cm.
Sign. rechts unten.
Privatbesitz, Salzburg.

396
Blumen im Licht. 1998.
Acryl/Leinwand, 74 x 58 cm
Sign. links unten.
Privatbesitz, Salzburg.

397 (Abb. S. 134)
Blaue Vögel. 1998.
Acryl/Leinwand, 70 x 50 cm.
Sign. links unten.

398
Herbst. 1998.
Acryl/Leinwand, 40 x 70 cm.
Sign. links unten.

399
Blumen in Blau-Lila. 1998.
Öl/Hartfaserplatte, 50 x 26 cm.
Sign. rechts unten.

400
Blumentisch. 1998.
Öl/Hartfaserplatte, 50 x 26 cm
Sign. links unten.

401
„Gestrandet". 1998.
Collage, Acryl/Hartfaserplatte, 60 x 79 cm.
Sign. links unten.

402
Am Rand der Weite. 1998.
Acryl/Leinenmappe. 60 x 50 cm.
Sign. rechts unten.

403
Ohne Titel. 1998.
Acryl/Leinenmappe, 60 x 40 cm.
Sign. links unten.

404 (Abb. S. 136)
Rankende Pflanzen. 1998.
Acryl/Leinenmappe, 70 x 50 cm.
Sign. links unten.

405
Strauß in blauer Vase. 1998.
Acryl/Leinenmappe, 68 x 48 cm.
Sign. rechts unten.
Privatbesitz, Salzburg.

406
Ohne Titel. 1998.
Acryl/Leinenmappe, 60 x 40 cm.
Sign. links unten.

407
Collage. 1998.
Mischtechnik/Leinenmappe, 60 x 40 cm.
Sign. rechts unten.

408
Prachtpapageien. 1998.
Öl/Leinenpapier, 65 x 50 cm.
Sign. links unten.

409
Im Park. 1998.
Öl/Papier, 50 x 65 cm.
Sign. rechts unten.

410 (Abb. S. 69)
Am Broadway. 1998.
Collage/Papier, 65 x 50 cm.
Sign. rechts unten.
Privatbesitz, Toronto.

411
Sprechende Bäume. 1998/99.
Acryl/Leinenpapier. 65 x 50 cm.
Sign. rechts unten.

412
Lavafelsen von La Palma. 1998.
Acryl/Papier, 50 x 70 cm.
Sign. rechts unten.

413
Stillleben. 1998.
Acryl/Papier, 65 x 50 cm.

414
Brooklyn. 1998.
Acryl/Papier, 65 x 50 cm.
Sign. rechts unten.

415
Vor dem Auslaufen. 1998.
Acryl/Papier, 65 x 50 cm.
Sign. links unten.

416
Und wieder ein Blumenstrauß. 1998.
Acryl/Papier, 65 x 50 cm.
Sign. rechts unten.

417
Rote Rosen vor Gelb. 1998.
Acryl/Papier, 62 x 48 cm.
Sign. links unten.
Seniorenhaus Elisabeth, Elsbethen.

418 (Abb. S. 68)
Morgen in New York. 1998.
Acryl/Papier, 50 x 65 cm.
Sign. rechts unten.
Schloss Rohrbach.

419
Zum Geburtstag. 1998.
Acryl/Papier, 64 x 49 cm.
Sign. links im roten Band.
Seniorenhaus Elisabeth, Elsbethen.

420
Madeira, Camara de Lobos. 1998.
Acryl/Papier, 50 x 70 cm.
Sign. rechts unten.
Rotes Kreuz, Salzburg.

421 (Abb. S. 136)
Gartenstück. 1998.
Braunkreide, Aquarell/Papier, 48 x 68 cm.
Sign. rechts unten.

422 (Abb. S. 90)
Drei Birken. 1998.
Aquarell/Papier, 44 x 64 cm.
Sign. rechts unten.

423
Clown. 1998.
Aquarell/Papier, 50 x 35 cm.
Sign. rechts unten.

424
Phantasie-Serie II. 1998.
Aquarell/Papier, 47 x 64 cm.
Sign. rechts unten.

425 (Abb. S. 131)
Olivenbäume. 1998.
Aquarell/Papier, 50 x 67 cm.
Sign. rechts unten.

426 (Abb. S. 73)
In Oval. 1998.
Aquarell/Papier, d = 40 x 30 cm.
Sign. rechts unten.

427
New York. 1998.
Aquarell/Papier, 69 x 49 cm.
Sign. rechts unten.

428
Ohne Titel. 1998.
Aquarell/Papier, 28 x 50 cm.
Sign. rechts unten.

429
Dahlien und Rittersporn. 1998.
Aquarell/Papier, 62 x 48 cm.
Sign. rechts unten.

430
South Street/Wallstreet, NY. 1999.
Öl/Leinwand, 70 x 60 cm.
Sign. rechts unten.

431
Klaffer Kessel. 1999.
Acryl/Leinwand, 50 x 60 cm.
Sign. links unten.

432
Bergwelt. 1999.
Acryl/Leinwand, 50 x 60 cm.
Sign. links unten.

433 (Abb. S. 78)
Vereinte Religionen. 1999.
Acryl/Leinwand, Maße unbekannt.
Sign. rechts unten.
Privatbesitz, Toronto.

434 (Abb. S. 134)
Garten Allah II. 1999.
Acryl/Leinwand, Maße unbekannt.
Sign. rechts unten.
Rotes Kreuz, Salzburg.

435
Blumen in Glasvase. 1999.
Acryl/Leinwand, 50 x 26 cm.
Sign. links unten.
Privatbesitz, Salzburg.

436
Zwei Vasen mit Blumen. 1999.
Acryl/Leinwand, 65 x 50 cm.
Sign. links unten.
Privatbesitz, Salzburg.

437
Tulpen. 1999.
Acryl/Leinwand, 50 x 40 cm.
Sign. links unten
Privatbesitz, Salzburg.

438
Weiße Vase. 1999.
Acryl/Leinwand, 50 x 26 cm.
Sign. rechts unten
Privatbesitz, Salzburg.

439
In den Dolomiten. 1999.
Acryl/Leinwand, 50 x 70 cm.
Sign. rechts unten.
Rotes Kreuz, Salzburg.

440
Im Gebirge – Gnadenalm. 1999.
Acryl/Leinwand, 50 x 70 cm.
Sign. links unten.
Rotes Kreuz, Salzburg.

441
New York. 1999.
Acryl/Leinwand, 72 x 60 cm.
Sign. rechts unten.
Rotes Kreuz, Salzburg.

442
Boote. 1999.
Acryl/Leinwand, 50 x 70 cm.
Sign. rechts unten.
Rotes Kreuz, Salzburg.

443
Dämmerung. 1999.
Acryl/Hartfaserplatte, 70 x 50 cm.
Sign. links unten.

444
Kugelblumen. 1999.
Acryl/Leinenmappe, 60 x 40 cm.
Sign. rechts unten.

445
Leuchtender Blumenstrauß. 1999.
Acryl/Leinenmappe, 48 x 25 cm.
Sign. rechts unten.
Seniorenhaus Elisabeth, Elsbethen.

446
Überraschung. 1999.
Acryl/Leinwand, 50 x 60 cm.
Sign. links unten.

447 (Abb. S. 120)
Ohne Titel. 1999.
Acryl/Leinwand. 70 x 40 cm.
Sign. rechts unten.

448–449 leer

450
New York. 1999.
Mischtechnik/Karton, 60 x 80 cm.
Sign. links unten.
Seniorenhaus Elisabeth, Elsbethen

451
Quartett. 1999.
Acryl/Leinenpapier, 65 x 50 cm.
Sign. rechts unten.

452
Der Marmorgugelhupf. 1999.
Acryl/Leinenpapier, 50 x 65 cm.
Sign. links unten.

453
Val di Fassa. 1999.
Öl/Papier, 46 x 59 cm.
Sign. links unten.

454 (Abb. S. 133)
Südtirol. 1999.
Acryl/Papier, 46 x 64 cm.
Sign. links unten.

455
Halloween. 1999.
Acryl/Papier, 50 x 65 cm.
Sign. links unten.

456
Farbenspiel in Gelb und Rot. 1999.
Acryl/Papier, 50 x 32 cm.
Sign. links unten.

457
Komposition mit Tulpen. 1999.
Acryl/Papier, 51 x 27 cm.
Sign. links unten.

458
Tapetenmuster. 1999.
Acryl/Papier, 53 x 41 cm.
Sign. rechts unten.

459
In den Dolomiten. 1999.
Acryl/Papier, 50 x 65 cm.
Sign. rechts unten.

460
Vase auf buntem Tuch. 1999.
Acryl/Papier, 64 x 49 cm.
Sign. rechts unten.

461
Chimny Rocks. 1999.
Acryl/Pappe, 60 x 80 cm.
Sign. rechts unten.

462
Vor der Schihütte. 1999.
Acryl/Papier, 50 x 65 cm.
Sign. links unten.

463
Obstschale. 1999.

Acryl/Papier, 48 x 32 cm.
Sign. links unten.

464
Bunte Tulpen. 1999.
Acryl/Papier, 50 x 27 cm.
Sign. links unten.

465
Ohne Titel. 1999.
Mischtechnik/Papier, 53 x 40 cm.
Sign. links unten.
Seniorenhaus Elisabeth, Elsbethen.

466
Blumen 8. 1999.
Aquarell/Papier, 56 x 37 cm.
Sign. rechts unten.

467
Blumen 9. 1999.
Aquarell/Papier, 48 x 34 cm.
Sign. rechts unten.

468
Blumenstrauß. 1999.
Aquarell/Papier, 55 x 33 cm.
Sign. rechts unten.
Seniorenhaus Elisabeth, Elsbethen.

469 (Abb. S. 76)
Die Flucht. 1999.
Aquarell/Papier, 50 x 70 cm.
Sign. links unten.

470
Lavendelfeld in der Provence. 2000.
Acryl/Leinwand, 60 x 70 cm.
Sign. links unten.

471
Stillleben. 2000.
Acryl/Leinwand, 70 x 50 cm.
Sign. rechts unten.

472 (Abb. S. 144)
Blaue Vase. 2000.
Acryl/Leinwand, 60 x 70 cm.
Sign. rechts unten.

473
Frühling. 2000.
Acryl/Leinwand, 70 x 50 cm.
Sign. links unten.

474
Dekorativ. 2000.
Acryl/Leinwand, 70 x 50 cm.
Sign. rechts unten

475
Churfirsten, Schweiz. 2000.
Acryl/Leinwand, 60 x 70 cm.
Sign. links unten.

476 (Abb. S. 102)
Kapuzinerkresse. 2000.
Acryl/Leinwand, 60 x 70 cm.
Sign. rechts unten.

477 (Abb. S. 107)
Gescheckter Blumenstrauß. 2000.
Acryl/Leinwand, 70 x 60 cm.
Sign. links unten.

478
Palazzo in Venedig. 2000.
Acryl/Leinwand, 60 x 70 cm.
Sign. rechts unten.

479
Strandgut. 2000.
Acryl/Leinwand, 60 x 70 cm.
Sign. links unten.

480 (Abb. S. 100)
Camara de Lobos. 2000.
Acryl/Leinwand, 60 x 70 cm.
Sign. rechts unten.

481 (Abb. S. 137)
Auslagendekoration I. 2000.
Acryl/Leinwand, 100 x 50 cm.
Sign. links unten.

482 (Abb. S. 140)
Auslagendekoration IV. 2000.
Acryl/Leinwand, 100 x 50 cm.
Sign. rechts unten.

483 (Abb. S. 138)
Roter Platz. 2000.
Acryl/Leinwand, 60 x 70 cm.
Sign. rechts unten.

484
Paradiesgarten. 2000.
Acryl/Leinwand, 60 x 70 cm.
Sign. rechts unten.

485 (Abb. S. 64)
Blick vom 13. Stock. 2000.
Acryl/Leinwand, 70 x 50 cm.
Sign. links unten.

486
Sonnenblumenfeld. 2000.
Acryl/Leinwand, Maße unbekannt.
Sign. rechts unten.
Privatbesitz, St. Leonhard.

487
Stadtansicht. 2000.
Acryl/Leinwand, 50 x 70 cm.
Sign. links unten.
Rotes Kreuz, Salzburg

488 (Abb. S. 137)
Felsen von Mana, Kornaten. 2000.
Acryl/Leinwand, 60 x 70 cm
Sign. rechts unten.

489
Blumen im Wind. 2000.
Halböl/Leinwand, 70 x 40 cm.
Sign. rechts unten.

490
Murano-Gefäße. 2000.
Tempera, Acryl/Leinwand, 70 x 40 cm.
Sign. links unten.

491
Urlaubstraum. 2000.
Tempera/Leinwand, 50 x 70 cm.
Sign. links unten.
Rotes Kreuz, Salzburg.

492
Oase. 2000.
Tempera/Leinwand, 50 x 70 cm.
Sign. links unten.

493
Violette Grüße. 2000.
Tempera/Leinwand, 70 x 40 cm.
Sign. rechts unten.

494 (Abb. S. 92)
Fabelwesen. 2000.
Acryl/Hartfaserplatte. 60 x 50 cm.
Sign. links unten.

495 (Abb. S. 137)
Herbststrauß. 2000.
Acryl/Hartfaserplatte, 60 x 40 cm.
Sign. rechts unten

496 (Abb. S. 139)
Spiel in Schwarz – Rot – Weiß. 2000.
Acryl/Hartfaserplatte, 60 x 40 cm.
Sign. links unten.

497
Verkleidung. 2000.
Tempera/Hartfaserplatte, 57 x 47 cm.
Sign. links unten.

498 (Abb. S. 98)
Strauß und Striche. 2000.
Öl/Leinenmappe, 60 x 50 cm.
Sign. rechts unten.

499 (Abb. S. 137)
Ohne Titel. 2000.
Öl/Leinenmappe. 60 x 50 cm.
Sign. rechts unten.

500
Blumen vor dem Vorhang. 2000.
Öl/Leinenmappe, 55 x 46 cm
Sign. rechts unten.

501 (Abb. S. 68)
Brooklyn. 2000.
Öl/Leinenmappe, 50 x 60 cm
Sign. links unten

502
East River. 2000.
Öl/Leinenmappe, 50 x 40 cm.
Sign. links unten.

503
Weihnachtskaktus. 2000.
Acryl/Leinenmappe, 50 x 60 cm.
Sign. links unten.

504
Margeriten. 2000.
Acryl/Leinenmappe, 46 x 55 cm.
Sign. rechts unten.

505
Sonnenblumen. 2000.
Acryl/Leinenmappe, 50 x 60 cm.
Sign. rechts unten.

506
Rückkehr vom Fang. 2000.
Acryl/Leinenmappe, 50 x 60 cm.
Sign. links unten.

507
Ohne Titel. 2000.
Tempera/Leinenmappe, 40 x 60 cm.
Sign. rechts unten.

508 (Abb. S. 137)
Südtirol. 2000.
Tempera/Leinenmappe, 50 x 60 cm.
Sign. rechts unten.

509 (Abb. S. 137)
Ohne Titel. 2000.
Tempera/Leinenmappe, 50 x 60 cm.
Sign. rechts unten.

510 (Abb. S. 139)
Picasso - haha! 2000.
Tempera/Leinenmappe, 57 x 47 cm.
Sign. rechts unten.

511
Bunte Landschaft. 2000.
Tempera/Leinenmappe, 57 x 67 cm.
Sign. links unten.

512
Blumen, rot, gelb, blau. 2000.
Tempera/Leinenmappe, 50 x 40 cm.
Sign. links unten.

513 (Abb. S. 142)
Hibiskus. 2001.
Acryl/Leinwand, 60 x 70 cm.
Sign. rechts unten.

514
Zauber der Natur. 2001.
Acryl/Leinwand, 60 x 70 cm.
Sign. rechts unten.

515
Neusiedlersee. 2001.
Acryl/Leinwand, 60 x 70 cm.
Sign. rechts unten.

516 (Abb. S. 74)
Vorbereitung für Carnevale a Venezia. 2001.
Acryl/Leinwand, 60 x 70 cm.
Sign. links unten.

517 (Abb. S. 141)
Auslagendekoration II. 2001.
Acryl/Leinwand, 100 x 50 cm.
Sign. rechts unten.

518 (Abb. S. 138)
Am Walensee, Schweiz. 2001.
Acryl/Leinwand, 60 x 70 cm.
Sign. rechts unten.

519
Im Hafen von Istanbul. 2001.
Acryl/Leinwand, 100 x 50 cm.
Sign. links unten.

520
Landung der Mir. 2001.
Acryl/Leinwand, 50 x 70 cm.
Sign. rechts unten.

521 (Abb. S. 120)
Heitere Musik. 2001.
Acryl/Leinwand, 50 x 70 cm.
Sign. links unten.

522 (Abb. S. 120)
Ohne Titel. 2001.
Acryl/Leinwand, 70 x 50 cm.
Sign. rechts unten.

523
Ohne Titel. 2001.
Acryl/Leinwand, 60 x 70 cm.
Sign. links unten.

524 (Abb. S. 139)
Ohne Titel. 2001.
Acryl/Leinwand, 60 x 70 cm.
Sign. links unten.

525
Lange Lacke. 2001.
Acryl/Leinwand, 60 x 70 cm.
Sign. rechts unten.

526
An der Donau, Niederösterreich. 2001.
Acryl/Leinwand, 60 x 70 cm.
Sign. rechts unten

527
Inntal, Tirol. 2001.
Acryl/Leinwand, 60 x 70 cm.
Sign. links unten.

528
Apetlon, Burgenland. 2001.
Acryl/Leinwand, 60 x 70 cm.
Sign. links unten.

529 (Abb. S. 95)
Weinstraße, Steiermark. 2001.
Acryl/Leinwand, 60 x 70 cm.
Sign. links unten.

530 (Abb. S. 138)
Erzählung von Sibirien. 2001.
Acryl/Leinwand, 60 x 70 cm.
Sign. links unten.

531 (Abb. S. 84)
Pfingstrosen. 2001.
Acryl/Leinwand, 50 x 40 cm.
Sign. links unten.

532 (Abb. S. 139)
Stoffmusterentwurf. 2001.
Tempera/Leinwand, 50 x 70 cm.
Sign. rechts unten.

533
Blumenvase. 2001.
Öl/Hartfaserplatte, 60 x 40 cm.
Sign. links unten.

534 (Abb. S. 121)
Ohne Titel. 2001.
Öl/Hartfaserplatte, 60 x 40 cm.
Sign. links unten.

535
Partnerwerk. 2001.
Acryl/Hartfaserplatte, 50 x 65 cm.
Sign. M.W. rechts oben, H.U. rechts unten.

536
Frühlingsbukett. 2001.
Öl/Leinenmappe, 60 x 50 cm.
Sign. links unten.

537 (Abb. S. 139)
Komposition. 2001.
Acryl/Leinenmappe, 60 x 50 cm.
Sign. links unten.

538
Teneriffa. 2001.
Acryl/Leinenmappe, 50 x 60 cm.
Sign. rechts unten.

539
Blumen, abstrakt. 2001.
Acryl/Leinenmappe, 60 x 40 cm.
Sign. links unten.

540 (Abb. S. 138)
Blumen in orangefarbenem Gefäß. 2001.
Tempera/Leinenmappe, 50 x 40 cm.
Sign. rechts unten.

541
Und wieder Blumen. 2001.
Aquarell/Papier, 72 x 53 cm.
Sign. links unten.

542 (Abb. S. 138)
Strauß mit Orchideen. 2001.
Aquarell/Papier, 63 x 46 cm.
Sign. links unten.

543
Segelboote. 2001.
Aquarell/Papier, 56 x 38 cm.
Sign. links unten.

544
Potpourri. 2001.
Aquarell/Papier, 54 x 44 cm.
Sign. links unten.

545 (Abb. S. 138)
Malven. 2001.
Aquarell/Papier, 38 x 28 cm.
Sign. links unten.

546
Blumen 7. 2001.
Aquarell/Papier, 56 x 37 cm.
Sign. links unten.

547 (Abb. S. 109)
Rosa Rosenstrauß. 2001.
Aquarell/Papier, 76 x 51 cm.
Sign. rechts unten.

548
In blauer Vase. 2001.
Aquarell/Papier, 56 x 38 cm.
Sign. links unten.

549
Verborgene Schönheit. 2002.
Acryl/Leinwand, 60 x 70 cm.
Sign. rechts unten.

550 (Abb. S. 114)
In Porzellanvase. 2002.
Acryl/Leinwand, 70 x 60 cm.
Sign. rechts unten.

551 (Abb. S. 86)
Der Heimweg. 2002.
Acryl/Leinwand, 60 x 70 cm.
Sign. links unten.

552
Bergdorf. 2002.
Acryl/Leinwand, 60 x 70 cm.
Sign. links unten.

553 (Abb. S. 143)
Bucht vor Katar. 2002.
Acryl/Leinwand, 60 x 70 cm.
Sign. rechts unten.

554 (Abb. S. 86)
Auf bewegter See. 2002.
Acryl/Leinwand, 60 x 70 cm.
Sign. links unten.

555
New York. 2002.
Acryl/Leinwand, 70 x 60 cm.
Sign. links unten.

556
Ohne Titel. 2002.
Acryl/Leinwand, 70 x 50 cm.
Sign. rechts unten.

557
Lichtspiele. 2002.
Acryl/Leinwand, Maße unbekannt.
Sign. links unten.
Privatbesitz, Salzburg.

558
La Palma, Canaren. 2002.
Acryl/Leinwand, 70 x 60 cm.
Sign. rechts unten.

559
Ohne Titel. 2002.
Acryl/Leinwand, 60 x 70 cm.
Sign. links unten.

560 (Abb. S. 120)
Ohne Titel. 2002.
Acryl/Leinwand, 60 x 70 cm.
Sign. links unten.

561
Cats. 2002.
Acryl/Leinwand, 60 x 70 cm.
Sign. links unten.

562 (Abb. S. 62)
Blaugelber Traum. 2002.
Acryl/Leinwand, 70 x 60 cm.
Sign. rechts unten.

563 (Abb. S. 142)
Mohnblumen. 2002.
Mischtechnik/Leinwand, 60 x 70 cm.
Sign. rechts unten.

564
Wild gewordenes Blumenbild. 2002.
Acryl/Leinenpapier, 66 x 50 cm.
Sign. links unten.

565
Heller Strauß auf blauem Netzgrund. 2002.
Acryl/Papier, 65 x 50 cm.
Sign. rechts unten.

566 (Abb. S. 142)
Margeriten vor dem Vorhang. 2002.
Acryl/Papier, 65 x 50 cm.
Sign. rechts unten.

567
Vor dem Vorhang. 2002.
Acryl/Papier, 65 x 50 cm.
Sign. rechts unten.

568
Ohne Titel. 2002.
Mischtechnik/Papier, 50 x 65 cm.
Sign. links unten.

569
Ohne Titel. 2002.
Mischtechnik/Papier, 50 x 65 cm.
Sign. links unten.

570
Ohne Titel. 2002.
Mischtechnik/Papier, 50 x 65 cm.
Sign. links unten.

571
Ohne Titel. 2002.
Mischtechnik/Papier, 50 x 65 cm.
Sign. rechts unten.

572
Ohne Titel. 2002.
Mischtechnik/Papier, 50 x 65 cm.
Sign. links unten.

573
Ohne Titel. 2002.
Mischtechnik/Papier, 50 x 34 cm.
Sign. links unten.

574
Anemonen. 2002.
Aquarell/Papier, 57 x 67 cm.
Sign. rechts unten.

575
Gebirgskette. 2002.
Aquarell/Papier, 56 x 69 cm.
Sign. rechts unten.

576
Ohne Titel. 2002.
Aquarell/Papier, 65 x 50 cm.
Sign. rechts unten.

577
Sonnenblumen mit Vase. 2002.
Aquarell/Papier, 65 x 50 cm.
Sign. links unten.

578 (Abb. S. 117)
Lieblingsblumen, lila. 2002.
Aquarell/Papier, 72 x 53 cm.
Sign. rechts unten.

579 (Abb. S. 116)
Gemischter Strauß. 2002.
Aquarell/Papier, 63 x 46 cm.
Sign. rechts unten.

580 (Abb. S. 142)
Sonnenblumen in blauer Vase. 2002.
Aquarell/Papier, 63 x 46 cm.
Sign. rechts unten.

581 (Abb. S. 83)
Ohne Titel. 2002.
Aquarell/Papier, 50 x 32 cm.
Sign. rechts unten.

582 (Abb. S. 108)
Ohne Titel. 2002.
Aquarell/Papier, 50 x 32 cm.
Sign. rechts unten.

583
Ohne Titel. 2002.
Aquarell/Papier, 38 x 28 cm.
Sign. links unten.

584
Rosen. 2002.
Aquarell/Papier, 38 x 28 cm.
Sign. rechts unten.

585
Tulpen im Garten. 2002.
Aquarell/Papier, 54 x 44 cm.
Sign. links unten.

586 (Abb. S. 142)
Blumen 11. 2002.
Aquarell/Papier, 56 x 37 cm.
Sign. rechts unten.

587
Blumen 12. 2002.
Aquarell/Papier, 56 x 37 cm.
Sign. links unten.

588
Blumen 15. 2002.
Aquarell/Papier, 56 x 37 cm.
Sign. links unten.

589
Blumen 16. 2002.
Aquarell/Papier, 56 x 37 cm.
Sign. links unten.

590
Blumen 17. 2002.
Aquarell/Papier,
56 x 37 cm.
Sign. links unten.

591
Blumen 18. 2002.
Aquarell/Papier, 56 x 37 cm.
Sign. rechts unten.

592
Blumen 19. 2002.
Aquarell/Papier, 56 x 37 cm.
Sign. links unten.

593
Gestreifte Vase. 2002.
Aquarell/Papier, 76 x 56 cm.
Sign. rechts unten.

594
Weiße Lilien. 2002.
Aquarell/Papier, 56 x 38 cm.
Sign. rechts unten.

595
Üppiger Blumenstrauß. 2003.
Öl/Leinwand, 50 x 60 cm.
Sign. rechts unten.

596 (Abb. S. 87)
Sonnenblumenfeld. 2003.
Öl/Leinwand, 50 x 60 cm.
Sign. links unten.

597
Blütenzauber. 2003.
Öl/Leinwand, 40 x 50 cm.
Sign. links unten.

598
Sonnenblumen. 2003.
Öl/Leinwand, 50 x 60 cm.
Sign. links unten.

599 (Abb. S. 143)
Blumenpracht. 2003.
Öl/Leinwand, 50 x 60 cm.
Sign. links unten.

600
Gladiolen. 2003.
Öl/Leinwand, 50 x 60 cm.
Sign. links unten.

601
Hängende Gärten der Semiramis. 2003.
Acryl/Leinwand, 60 x 70 cm.
Sign. rechts unten.

602
Erholung. 2003.
Acryl/Leinwand, 60 x 70 cm.
Sign. links unten.

603 (Abb. S. 115)
Tulpen II. 2003.
Acryl/Leinwand, 60 x 70 cm.
Sign. links unten.

604 (Abb. S. 145)
Es kann nie genug davon geben. 2003.
Acryl/Leinwand, 60 x 70 cm.
Sign. links unten.

605
Brugger's Blumenland. 2003.
Acryl/Leinwand, 60 x 70 cm.
Sign. links unten.

606
Im Zweistromland. 2003.
Acryl/Leinwand, 60 x 70 cm.
Sign. links unten.

607
Ohne Titel. 2003.
Acryl/Leinwand, 50 x 60 cm.
Sign. links unten.

608
Ohne Titel. 2003.
Acryl/Leinwand, 50 x 60 cm.
Sign. rechts unten.

609
Ohne Titel. 2003.
Acryl/Leinwand, 50 x 60 cm
Sign. links unten.

610
Sonnenuntergang. 2003.
Acryl/Leinwand, 60 x 70 cm.
Sign. links unten.

611
Brennende Stadt. 2003.
Acryl/Leinwand, 50 x 70 cm.
Sign. rechts unten.

612
Rot und Blau in Gesellschaft. 2003.
Acryl/Leinwand, 60 x 70 cm.
Sign. links unten.

613
Nordlicht. 2003.
Acryl/Leinwand, 60 x 70 cm.
Sign. links unten.

614
Ohne Titel. 2003.
Acryl/Leinwand, 60 x 70 cm.
Sign. links unten.

615
Urknall. 2003.
Acryl/Leinwand, 60 x 70 cm.
Sign. rechts unten.

616 (Abb. S. 144)
Ohne Titel. 2003.
Acryl/Leinwand, 60 x 30 cm.
Sign. rechts unten.

617
Cinque Terre. 2003.
Acryl/Leinwand, 60 x 70 cm.
Sign. links unten.

618 (Abb. S. 144)
Blütenpracht. 2003.
Acryl/Leinwand, 70 x 60 cm.
Sign. rechts unten.

619 (Abb. S. 145)
Orchideen. 2003.
Acryl/Leinwand, 50 x 40 cm.
Sign. rechts unten.

620
Urwaldblick. 2003.
Acryl/Leinwand, 50 x 40 cm.
Sign. rechts unten.

621
Strauß im Licht. 2003.
Acryl/Leinwand, 60 x 50 cm.
Sign. rechts unten.

622
Sonnenblumen. 2003.
Acryl/Leinwand, 60 x 30 cm.
Sign. rechts unten.

623
Blaue Vase. 2003.
Acryl/Leinwand, 60 x 30 cm.
Sign. links unten.

624
Seewaldsee. 2003.
Acryl/Leinwand, 50 x 60 cm.
Sign. links unten.

625
Genaue Blumen. 2003.
Acryl/Leinwand, 60 x 30 cm.
Sign. rechts unten.

626 (Abb. S. 145)
Herbst. 2003.
Acryl/Leinwand, 50 x 60 cm.
Sign. rechts unten.

627 (Abb. S. 143)
Explosiv. 2003.
Acryl/Leinwand, 50 x 60 cm.
Sign. rechts unten.

628 (Abb. S. 143)
Omis, Dalmatien. 2003.
Acryl/Leinwand, 60 x 70 cm.
Sign. links unten.

629
Opatja, Fischerhafen. 2003.
Acryl/Leinwand, 50 x 60 cm.
Sign. links unten.

630
Weißes Segel. 2003.
Acryl/Leinwand, 60 x 70 cm.
Sign. rechts unten.

631
Am Walensee. 2003.
Acryl/Leinwand, 60 x 70 cm.
Sign. rechts unten.

632 (Abb. S. 144)
Bunte „Nussschalen". 2003.
Acryl/Leinwand, 50 x 60 cm.
Sign. links unten.

633
Kalamata, GR. 2003.
Acryl/Leinwand, 50 x 60 cm.
Sign. links unten.

634 (Abb. S. 140)
Auslagendekoration III. 2003.
Acryl/Leinwand, 100 x 50 cm.
Sign. links unten.

635
Einweihung der Schlosskapelle. 2003.
Acryl/Leinwand, 60 x 70 cm.
Sign. links unten.
Schloss Rohrbach.

636 (Abb. S. 121)
Collage. 2003.
Mischtechnik/Leinwand, 60 x 70 cm.
Sign. links unten.

637 (Abb. S. 120)
Collage. 2003.
Mischtechnik u. Collage/Leinwand,
60 x 70 cm.
Sign. rechts unten.

638
Im Basar. 2003.
Öl/Hartfaserplatte. 60 x 50 cm.
Sign. links unten.

639
Blaue Blumen. 2003.
Öl/Hartfaserplatte, 60 x 50 cm.
Sign. rechts unten.

640 (Abb. S. 144)
Ohne Titel. 2003.
Acryl/Hartfaserplatte, 60 x 50 cm.
Sign. rechts unten.

641 (Abb. S. 139)
Ohne Titel. 2003.
Acryl/Hartfaserplatte, 50 x 60 cm.
Sign. rechts unten.

642
Ohne Titel. 2003.
Acryl/Hartfaserplatte, 40 x 50 cm.
Sign. rechts unten.

643 (Abb. S. 144)
Ohne Titel. 2003.
Acryl/Hartfaserplatte, 40 x 50 cm.
Sign. links unten.

644
Tulpen in blauer Vase. 2003.
Acryl/Hartfaserplatte, 50 x 40 cm.
Sign. links unten.

645 (Abb. S. 145)
Leuchtende Freude. 2003.
Acryl/Hartfaserplatte, 40 x 50 cm.
Sign. rechts unten.

646
Orchideen im Urwald. 2003.
Acryl/Leinenpapier, 56 x 47 cm.
Sign. links unten.

647
Zwei Vasen. 2003.
Acryl/Papier, 65 x 50 cm.
Sign. rechts unten.

648 (Abb. S. 143)
Hochalm. 2003.
Acryl/Papier. 50 x 65 cm.
Sign. rechts unten.

649 (Abb. S. 142)
Blühendes Beet. 2003.
Acryl/Papier, 65 x 50 cm.
Sign. rechts unten.

650
Aufrechte Blumen. 2003.
Aquarell/Papier, 76 x 56 cm.
Sign. rechts unten.

651
Ohne Titel. 2003.
Aquarell/Papier, 50 x 30 cm.
Sign. rechts unten.

652 (Abb. S. 143)
Blütenpracht im Beet. 2003.
Aquarell/Papier, 56 x 76 cm.
Sign. rechts unten.

653
Serie: Aktstudien 7. 2003.
Aquarellfarbstift/Papier, 31 x 45 cm.
Sign. rechts unten.

654
Serie: Aktstudien 8. 2003.
Aquarellfarbstift/Papier, 32 x 45 cm.
Sign. rechts unten.

655
Serie: Aktstudien 9. 2003.
Aquarellfarbstift/Papier, 33 x 45 cm.
Sign. links unten.

656 (Abb. S. 145)
Unfertiger Strauß. 2004.
Öl/Leinwand, 70 x 60 cm.
Sign. rechts unten.

657
Murano. 2004.
Öl/Leinwand, 70 x 60 cm.
Sign. rechts unten.

658
Damaskus. 2004.
Öl/Leinwand, 70 x 60 cm.
Sign. rechts unten.

659 (Abb. S. 65)
Queen Mary, die alte. 2004.
Öl/Leinwand, 60 x 70 cm.
Sign. links unten.

660 (Abb. S. 110)
Auch dieses ein Geschenk. 2004.
Öl/Leinwand, 70 x 60 cm.
Sign. rechts unten.

661
Geschenk. 2004.
Öl/Leinwand, 70 x 60 cm.
Sign. rechts unten.

662 (Abb. S. 145)
Rittersporn. 2004.
Öl/Leinwand, 70 x 60 cm.
Sign. rechts unten.

663
Castelletto, Bergstraße. 2004.
Öl/Leinwand, 60 x 70 cm.
Sign. links unten.

664 (Abb. S. 122)
Badeplatz am Gardasee. 2004.
Öl/Leinwand, 60 x 70 cm.
Sign. rechts unten.

665 (Abb. S. 112)
Venedig am Morgen. 2004.
Öl/Leinwand, 60 x 70 cm.
Sign. links unten.

667 (Abb. S. 123)
Castelletto. 2004.
Öl/Leinwand, 60 x 70 cm.
Sign. rechts unten.

668 (Abb. S. 111)
Torri del Benaco. 2004.
Öl/Leinwand, 60 x 70 cm.
Sign. rechts unten.

669 (Abb. S. 112)
Venedig vor dem Sturm. 2004.
Öl/Leinwand, 60 x 70 cm.
Sign. links unten.

670
Meeresbrandung. 2004.
Acryl/Leinwand, 60 x 70 cm.
Sign. rechts unten.

671 (Abb. S. 96)
Ohne Titel. 2004.
Acryl/Leinwand, 50 x 60 cm.
Sign. links unten.

672
Drei Blüten. 2004.
Acryl/Leinwand, 60 x 30 cm.
Sign. rechts unten

673
Lilien. 2004.
Acryl/Leinwand, 70 x 60 cm.
Sign. links unten.

674 (Abb. S. 95)
Nächtlicher Spuk. 2004.
Acryl/Leinwand, 60 x 70cm.
Sign. links unten.

675 (Abb. S. 103)
Peloponnes, Griechenland. 2004.
Acryl/Leinwand, 60 x 70 cm.
Sign. links unten.

676 (Abb. S. 94)
Hellbrunner Tierpark. 2004.
Acryl/Leinwand, 60 x 70 cm.
Sign. rechts unten.

677
Dunkle Lilien. 2004.
Acryl/Leinwand, 30 x 30 cm.
Sign. rechts unten.

678
Lilien. 2004.
Acryl/Leinwand, 30 x 30 cm.
Sign. links unten.

679
Gelber Felsen. 2004.
Acryl/Leinwand, 60 x 70 cm.
Sign. rechts unten.

680 (Abb. S. 71)
Sonne, Wasser und Schiffe. 2004.
(Ausstellungsplakat, 2004).
Acryl/Leinwand, 70 x 60 cm.
Sign. links unten.

681
Karneval. 2004.
Acryl/Leinwand, 70 x 60 cm.
Sign. rechts unten.

682
Ölbäume. 2004.
Acryl/Leinwand, 60 X 70 cm.
Sign. links unten.
Privatbesitz, Toronto.

683
Zeremonie. 2004.
Acryl/Leinwand, 60 x 70 cm.
Sign. rechts unten.

684 (Abb. S. 113)
Everybody needs a home. 2004.
Acryl/Leinwand, 150 x 100 cm.
Sign. rechts unten.

685
Für Canada. 2004.
Acryl/Leinwand, 150 x 100 cm.
O. Sign.
Privatbesitz, Toronto.

686
Ohne Titel. 2004.
Acryl/Leinwand, 151 x 100 cm.
Sign. rechts unten.

687 (Abb. S. 111)
Pai di Sopra. 2004.
Acryl/Leinwand, 60 x 70 cm.
Sign. rechts unten.

688
Großstadt am Abend. 2004.
Acryl/Leinwand, 60 x 70 cm.
Sign. links unten.

689
Lila Gladiolen. 2004.
Acryl/Leinwand, 60 x 50 cm.
Sign. links unten.

690
5-Minuten-Bild. 2004.
Acryl/Leinwand, 60 x 70 cm.
Sign. links unten.

691 (Abb. S. 122)
Collage in blau. 2004.
Collage, Acryl/Leinwand, 60 x 50 cm.
Sign. links unten.

692
10-Minuten-Bild. 2004.
Acryl/Leinwand, 60 x 70 cm,
Sign. rechts unten.

693 (Abb. S. 123)
Sonnenblumen in der Toskana. 2004.
Acryl/Leinwand, 60 x 70 cm.
Sign. rechts unten.

694
Spiegelung in den Wolkenkratzern. 2004
Acryl/Leinwand, 60 x 70 cm.
Sign. links unten.

695
Heller's Garden 1. 2004.
Acryl/Leinwand,157 x 106 cm.
Sign. rechts unten.

696
Ohne Titel. 2004.
Acryl/Leinwand, 157 x 106 cm.
Sign. links unten.

697
Collage. 2004.
Collage, Acryl/Leinwand, 60 x 70 cm.
Sign. rechts unten

698
Cestea. 2004.
Acryl/Leinwand, 60 x 70 cm.
Sign. links unten.

697
Freudvolles Malen. 2004.
Tempera/Leinwand, 60 x 70 cm.
Sign. links unten.

698
Frühlingserwachen. 2004.
Tempera/Leinwand, 60 x 70 cm.
Sign. rechts unten.

699
Ohne Titel. 2004.
Tempera/Hartfaserplatte, 30 x 40 cm.
Sign. rechts unten.

700
Venezianische Maske. 2004.
Acryl/Papier, 56 x 49 cm.
Sign. links unten.

701 (Abb. S. 72)
Am Zeller See. 2004.
Aquarell/Papier, 76 x 56 cm.
Sign. rechts unten.

702 (Abb. S. 81)
Gardasee. 2004.
Aquarell/Papier, 76 x 50 cm.
Sign. links unten.

703
Kürbisfest. 2004.
Aquarell/Papier, 49 x 63 cm.
Sign. rechts unten.

704
Zinnien. 2004.
Aquarell/Papier, 46 x 51 cm.
Sign. rechts unten.

705
„Riverside". O.J.
Aquarell/Papier, Maße unbekannt.
Sign. rechts unten.
Rotes Kreuz, Salzburg.

706
Blumenstrauß in Glasvase. 2004.
Tusche, Aquarell/Papier, 66 x 50 cm.
Sign. links unten.

707
Serie: Aktstudien 1. 2004.
Tinte/Papier, 39 x 30 cm.
Sign. rechts unten.

708
Serie: Aktstudien 2. 2004.
Aquarellfarbstift/Papier, 39 x 30 cm.
Sign. rechts unten.

709
Serie: Aktstudien 3. 2004.
Aquarellfarbstift/Papier, 39 x 30 cm.
Sign. Mitte unten.

710 (Abb. S. 26)
Serie: Aktstudien 4. 2004.
Aquarellfarbstift/Papier, 39 x 30 cm.
Sign. rechts unten.

711
Serie: Aktstudien 5. 2004.
Aquarellfarbstift/Papier, 39 x 30 cm.
Sign. rechts unten.

712
Serie: Aktstudien 6. 2004.
Aquarellfarbstift/Papier, 30 x 45 cm.
Sign. rechts unten.

713
Serie: Aktstudien 10. 2004.
Aquarellfarbstift/Papier, 39 x 30 cm
Sign. links unten.

714 (Abb. S. 25)
Serie: Aktstudien 11. 2004.
Aquarellfarbstift/Papier, 40 x 30 cm.
Sign. rechts unten.

715
Serie: Aktstudien 12. 2004.
Aquarellfarbstift/Papier, 41 x 30 cm.
Sign. links unten.

716
Serie: Aktstudien 13. 2004.
Aquarellfarbstift/Papier, 42 x 30 cm.
Sign. rechts unten.

717
Serie: Aktstudien 14. 2004.
Aquarellfarbstift/Papier, 43 x 30 cm
Sign. rechts unten.

718
Taormina Hafen. 2004.
Lithografie/Papier, 24 x 25 cm.
Sign. rechts unten.

719
Früchte und Blumen auf blauer Decke. 2005.
Acryl/Leinwand, 70 x 60 cm.
Sign. rechts unten.

720 (Abb. S. 124)
Heller's Garden 2. 2005.
Acryl/Leinwand, 70 x 60 cm.
Sign. rechts unten.

721
Primeln und Märzenbecher. 2005.
Acryl/Leinwand, 30 x 30 cm.
Sign. links unten.

722
Gemischter Strauß. 2005.
Acryl/Leinwand, 60 x 50 cm.
Sign. rechts unten.

723
Las Vegas. 2005.
Acryl/Leinwand, 60 x 50 cm.
Sign. rechts unten.

724
Stillleben, abstrakt. 2005.
Acryl/Leinwand, 50 x 60 cm.
Sign. rechts unten.

725
Stillleben mit Kapuzinerkresse. 2005.
Acryl/Leinwand, 60 x 50 cm.
Sign. rechts unten.

726 (Abb. S. 125)
Gedeckter Tisch im Atelier. 2005.

Acryl/Leinwand, 70 x 60 cm.
Sign. rechts unten.

727
Die Farben der Malerin. 2005.
Acryl/Leinwand, 70 x 60 cm.
Sign. links unten.

727
Französische Schöne. 2005.
Acryl/Leinwand, 70 x 60 cm.
Sign. rechts unten.

728
Anemonen. 2005.
Acryl/Leinwand, 80 x 70 cm.
Sign. rechts unten.

729
Frühlingsboten. 2005.
Acryl/Leinwand, 60 x 50 cm.
Sign. rechts unten.

Die Werkerfassung endet mit den bis zum 28. März 2005 von Maria Weinberger geschaffenen Arbeiten.

Signaturen
Maria Weinberger signierte, abhängig von der Zeit und vom Malgrund, unterschiedlich:

M.G. (= Maria Gwiggner)
M.W.
MWG
Wbg
W.
Weinberger
M. Weinberger
Maria Weinberger

Wenn nicht anders angegeben, befinden sich die Arbeiten im Besitz der Künstlerin. Die Maße sind in Höhe x Breite angegeben.

Die Autorinnen und Autoren

Rupert Gredler
1955 in Salzburg geboren. Nach seiner künstlerischen Ausbildung in Wien und einer mehrjährigen Mitarbeit in einer Werkstatt für Schrift und Reklame, arbeitet er freischaffend auf dem Gebiet der Malerei und Zeichnung. Seither sind zahlreiche Portraits, auch von Personen des öffentlichen Lebens, entstanden.

Nadine Löbel
Geboren 1977 in Salzburg. Studium der Psychologie und Kunstgeschichte in Wien und Salzburg. Seit 2004 in der Fotobibliothek des Museums der Moderne und seit 2005 auch im Anton Pustet Verlag in Salzburg tätig.

Hiltrud Oman
Geboren in Villach, Studium in Salzburg und Köln, promovierte Kunsthistorikerin, freie Kuratorin, Kustodin am Museum Sigl.Haus, St. Georgen b. Sbg., seit 1991 wissenschaftliche Mitarbeiterin für zeitgenössische Kunst und interdisziplinäre Projekte an der Universität Mozarteum in Salzburg.
   Seit 2001 auch Administratorin für den World Future Council, initiiert von Jakob von Uexküll (Stifter des Alternativ-Nobelpreises/Right Livelihood Award), Stockholm, London.

Inge Pfeffer-Tillian
1939 als „waschechte" Salzburgerin geboren. Als Lehrerin war sie Kollegin von Maria Weinberger-Gwiggner. Die Beziehung zu ihr währt schon über 50 Jahre. Ihre Wohnsitze sind in Salzburg Leopoldskron und in Schloss Rohrbach in St. Josef bei Graz.

Elisabeth Thanhofer
1940 geboren in Wien, nach der Matura Besuch des Schauspielseminars an der Akademie für Musik und darstellende Kunst Mozarteum in Salzburg, Abschluss 1959. Nach dem Studium der Rechtswissenschaften (Promotion 1965) in Innsbruck Schadensreferentin bei Versicherungen, Konzipientin bei Rechtsanwalt. Von 1979–2001 freie Mitarbeiterin beim ORF Salzburg, von 1982–2002 in der Sozialarbeit tätig, zuletzt zehn Jahre Geschäftsführerin im Verein VIELE (Verein für interkulturellen Ansatz in Erziehung, Lernen und Entwicklung). Ab Pensionseintritt 2002 Arbeit an künstlerischer Fotografie, diverse Ausstellungsbeteiligungen.

Konkordanz

Abkürzungen

A- Aquarell auf Papier
AC- Acryl auf Papier oder Pappe
C- Collage auf Leinwand oder Karton
FZ- Federzeichnung
G- Gemälde: Öl, Tempera oder Acryl auf Leinwand, Holz oder Karton
GP- Öl oder Halböl auf Papier
K- Kreide auf Papier
L- Lithografie
M- Mischtechnik auf Papier
P- Plakatfarbe auf Papier
TF- Tuschfeder auf Papier

A. Ordnung nach Katalog-Nummern

1	A-309	38	A-250	78	A-347	118	A-211
2	A-310	39	A-251	79	A-348	119	G-113
3	G-489	40	A-558	80	A-350	120	G-591
4	G-488	41	A-315	81	A-380	121	G-374
5	G-502	42	G-503	82	A-419	122	G-434
6	A-284 (= 657, doppelt erfasst)	43	A-336	83	A-422	123	G-435
		44	A-337	84	A-426	124	G-187
6	A-657 (= 284, doppelt erfasst)	45	A-423	85	A-427	125	G-436
		46	A-694	86	A-527	126	G-438
7	P-338	47	A-327	87	A-528	127	G-98
8	G-487	48	A-328	88	A-589	128	G-99
9	G-501	49	G-433	89	A-286	129	G-637
10	G-191	50	A-312	90	A-304	130	AC-294
11	G-192	51	A-313	91	A-306	131	AC-568
12	G-500	52	A-319	92	A-316	132	GP-367
13	P-314	53	A-329	93	A-322	133	AC-377
14	P-339	54	A-346	94	A-417	134	M-247
15	TF-402	55	A-510	95	A-424	135	M-634
16	A-299	56	A-321	96	A-541	136	A-317
17	A-318	57	A-516	97	A-686	137	A-372
18	G-490	58	A-231	98	A-203	138	A-460
19	G-111	59	A-342	99	A-212	139	A-538
20	P-320	60	A-343	100	A-213	140	G-106
21	G-401	61	A-344	101	A-214	141	G-91
22	K-407	62	A-532	102	A-215	142	G-103
23	A-311	63	A-235	103	A-216	143	G-645
24	A-330	64	A-259	104	A-217	144	G-194
25	A-331	65	A-287	105	A-218	145	AC-201
26	A-332	66	A-323	106	A-219	146	AC-567
27	A-340	67	A-325	107	A-349	147	AC-202
28	A-341	68	A-369	108	A-361	148	AC-204
29	A-345	69	G-499	109	A-362	149	AC-224
30	A-373	70	GP-333	110	A-363	150	AC-227
31	G-506	71	GP-181	111	A-431	151	AC-520
32	G-507	72	A-258	112	A-547	152	AC-546
33	G-508	73	A-261	113	A-633	153	AC-631
34	GP-403	74	A-303	114	G-526	154	AC-636
35	K-408	75	A-324	115	G-524	155	AC-638
36	A-248	76	A-334	116	A-359	156	AC-644
37	A-249	77	FZ-335	117	A-166	157	AC-666

158	AC-206	220	G-368	282	A-272	344	A-172
159	M-308	221	G-437	283	A-278	345	A-176
160	M-628	222	G-505	284	A-283	346	A-246
161	M-629	223	G-667	285	A-356	347	A-288
162	A-205	224	AC-200	286	A-358	348	A-289
163	A-221	225	AC-292	287	A-386	349	A-295
164	A-239	226	A-699	288	A-537	350	A-353
165	A-260	227	AC-701	289	A-549	351	A-360
166	A-269	228	AC-389	290	A-572	352	A-428
167	A-285	229	AC-392	291	A-432	353	A-459
168	A-355	230	M-398	292	A-603	354	A-543
169	A-379	231	A-178	293	A-605	355	A-555
170	A-409	232	A-208	294	A-606	356	A-592
171	A-410	233	A-209	295	A-607	357	A-687
172	A-416	234	A-230	296	A-608	358	A-689
173	A-420	235	A-236	297	A-614	359	A-690
174	A-536	236	A-237	298	A-625	360	A-692
175	A-601	237	A-244	299	A-669	361	G-95
176	A-630	238	A-255	300	AC-174	362	G-498
177	A-632	239	A-256	301	AC-263	363	G-6
178	A-635	240	A-265	302	AC-385	364	G-220
179	A-639	241	A-297	303	A-688	365	G-302
180	A-640	242	A-298	304	A-548	366	G-439
181	A-641	243	A-382	305	A-700	367	AC-296
182	A-642	244	A-415	306	A-418	368	M-521
183	A-643	245	A-522	307	A-279	369	A-252
184	G-484	246	A-551	308	A-197	370	A-171
185	G-20	247	A-553	309	A-245	371	A-364
186	G-72	248	A-597	310	A-267	372	A-365
187	G-112	249	A-598	311	A-378	373	A-366
188	G-485	250	A-602	312	A-387	374	A-381
189	G-615	251	A-618	313	A-388	375	A-396
190	G-58	252	A-702	314	A-609	376	A-461
191	G-42	253	G-497	315	A-703	377	A-462
192	G-43	254	G-504	316	M-384	378	A-463
193	G-109	255	G- 679	317	A-262	379	A-464
194	G-458	256	G-393	318	A-167	380	A-465
195	G-525	257	C-391	319	A-173	381	A-466
196	G-9	258	AC-456	320	A-183	382	A-470
197	G-590	259	AC-291	321	A-273	383	A-473
198	G-5	260	AC-352	322	A-394	384	A-474
199	G-100	261	AC-210	323	A-413	385	A-545
200	G-108	262	M-67	324	A-414	386	A-595
201	G-620	263	M-68	325	A-515	387	A-685
202	A-190	264	M-305	326	A-517	388	A-695
203	GP-301	265	M-307	327	A-518	389	G-613
204	AC-281	266	M-588	328	A-596	390	G-647
205	M-399	267	K-535	329	A-610	391	G-648
206	A-180	268	K-253	330	A-683	392	G-649
207	A-195	269	K-533	331	A-691	393	G-650
208	A-241	270	A-693	332	A-696	394	G-651
209	A-257	271	A-163	333	A-697	395	G-655
210	A-280	272	A-168	334	A-698	396	G-656
211	A-326	273	A-177	335	G-132	397	G-156
212	A-371	274	A-188	336	AC-189	398	G-486
213	A-395	275	A-223	337	A-157	399	G-122
214	A-530	276	A-225	338	A-159	400	G-123
215	A-599	277	A-228	339	A-160	401	C-512
216	A-621	278	A-229	340	A-161	402	G-13
217	A-118	279	A-254	341	A-162	403	G-40
218	G-44	280	A-264	342	A-164	404	G-110
219	G-619	281	A-266	343	A-165	405	G-654

406	G-660	468	A-600	530	G-81	592	A-479
407	G-59	469	A-199	531	G-85	593	A-554
408	GP-282	470	G-1	532	G-134	594	A-556
409	GP-242	471	G-30	533	G-82	595	G-21
410	C-623	472	G-33	534	G-8	596	G-36
411	AC-193	473	G-97	535	G-722	597	G-104
412	AC-513	474	G-125	536	G-89	598	G-131
413	AC-529	475	G-140	537	G-107	599	G-136
414	AC-222	476	G-153	538	G-126	600	G-138
415	AC-357	477	G-155	539	G-129	601	G-142
416	AC-552	478	G-444	540	G-24	602	G-145
417	AC-587	479	G-445	541	A-268	603	G-150
418	AC-622	480	G-452	542	A-276	604	G-32
419	AC-646	481	G-480	543	A-351	605	G-34
420	AC-665	482	G-483	544	A-370	606	G-35
421	A-534	483	G-491	545	A-429	607	G-45
422	A-290	484	G-492	546	A-467	608	G-46
423	A-300	485	G-493	547	A-514	609	G-47
424	A-158	486	G-616	548	A-544	610	G-50
425	A-198	487	G-663	549	G-143	611	G-51
426	A-411	488	G-453	550	G-144	612	G-52
427	A-531	489	G-94	551	G-146	613	G-53
428	A-542	490	G-133	552	G-148	614	G-54
429	A-550	491	G-670	553	G-449	615	G-57
430	G-116	492	G-71	554	G-450	616	G-66
431	G-11	493	G-135	555	G-494	617	G-74
432	G-523	494	G-39	556	G-495	618	G-75
433	G-611	495	G-96	557	G-627	619	G-86
434	G-612	496	G-130	558	G-31	620	G-87
435	G-652	497	G-18	559	G-41	621	G-90
436	G-653	498	G-37	560	G-63	622	G-92
437	G-658	499	G-38	561	G-70	623	G-93
438	G-659	500	G-101	562	G-115	624	G-102
439	G-661	501	G-117	563	G-141	625	G-114
440	G-662	502	G-121	564	AC-560	626	G-120
441	G-664	503	G-78	565	AC-561	627	G-137
442	G-668	504	G-127	566	AC-564	628	G-441
443	G-105	505	G-128	567	AC-243	629	G-442
444	G-519	506	G-457	568	M-25	630	G-443
445	G-594	507	G-79	569	M-26	631	G-448
446	G-12	508	G-83	570	M-27	632	G-454
447	G-511	509	G-84	571	M-28	633	G-455
448	leer	510	G-19	572	M-29	634	G-482
449	leer	511	G-22	573	M-397	635	G-626
450	M-624	512	G-23	574	A-182	636	C-55
451	AC-226	513	G-139	575	A-196	637	C-56
452	AC-233	514	G-147	576	A-207	638	G-16
453	GP-170	515	G-446	577	A-240	639	G-17
454	AC-169	516	G-447	578	A-270	640	G-4
455	AC-175	517	G-481	579	A-274	641	G-7
456	AC-184	518	G-496	580	A-275	642	G-10
457	AC-185	519	G-509	581	A-404	643	G-14
458	AC-186	520	G-49	582	A-405	644	G-88
459	AC-232	521	G-60	583	A-412	645	G-124
460	AC-277	522	G-61	584	A-425	646	AC-563
461	AC-293	523	G-62	585	A-430	647	AC-562
462	AC-383	524	G-64	586	A-471	648	AC-234
463	AC-557	525	G-69	587	A-472	649	AC-238
464	AC-559	526	G-73	588	A-475	650	A-400
465	M-593	527	G-76	589	A-476	651	A-406
466	A-468	528	G-77	590	A-477	652	A-179
467	A-469	529	G-80	591	A-478	653	A-579

654	A-580	715	A-584	**B.**	**Ordnung nach Foto-Nummern**	
655	A-581	716	A-585			
656	G-570	717	A-586			
657	G-565	718	L-421	G-1	470	G-60	521
658	G-566	719	G-725	G-2	698	G-61	522
659	G-571	720	G-716	G-3	670	G-62	523
660	G-674			G-4	640	G-63	560
661	G-677	leer	A-604 (= 609, doppelt erfasst)	G-5	198	G-64	524
662	G-678			G-6	363	G-65	672
663	G-704	leer	672	G-7	641	G-66	616
664	G-705	leer	673	G-8	534	M-67	262
665	G-706	leer	682	G-9	196	M-68	263
667	G-709	leer	717	G-10	642	G-69	525
668	G-710	leer	718	G-11	431	G-70	561
669	G-711	leer	719	G-12	446	G-71	492
670	G-3	leer	720	G-13	402	G-72	186
671	G-48	leer	721	G-14	643	G-73	526
672	G-65	leer	728	G-15	699	G-74	617
673	G-119			G-16	638	G-75	618
674	G-149			G-17	639	G-76	527
675	G-151			G-18	497	G-77	528
676	G-152			G-19	510	G-78	503
677	G-375			G-20	185	G-79	507
678	G-376			G-21	595	G-80	529
679	G-440			G-22	511	G-81	530
680	G-451			G-23	512	G-82	533
681	G-569			G-24	540	G-83	508
682	G-675			M-25	568	G-84	509
683	G-676			M-26	569	G-85	531
684	G-680			M-27	570	G-86	619
685	G-681			M-28	571	G-87	620
686	G-682			M-29	572	G-88	644
687	G-707			G-30	471	G-89	536
688	G-708			G-31	558	G-90	621
689	G-712			G-32	604	G-91	141
690	G-713			G-33	472	G-92	622
691	G-714			G-34	605	G-93	623
692	G-715			G-35	606	G-94	489
693	G-723			G-36	596	G-95	361
694	G-724			G-37	498	G-96	495
695	G-726			G-38	499	G-97	473
696	G-727			G-39	494	G-98	127
697	G-154			G-40	403	G-99	128
697	G-729			G-41	559	G-100	199
698	G-2			G-42	191	G-101	500
698	G-730			G-43	192	G-102	624
699	G-15			G-44	218	G-103	142
700	AC-390			G-45	607	G-104	597
701	A-271			G-46	608	G-105	443
702	A-354			G-47	609	G-106	140
703	A-539			G-48	671	G-107	537
704	A-671			G-49	520	G-108	200
705	A-617			G-50	610	G-109	193
706	A-540			G-51	611	G-110	404
707	G-573			G-52	612	G-111	19
708	A-574			G-53	613	G-112	187
709	A-575			G-54	614	G-113	119
710	A-576			C-55	636	G-114	625
711	A-577			C-56	637	G-115	562
712	A-578			G-57	615	G-116	430
713	A-582			G-58	190	G-117	501
714	A-583			G-59	407	A-118	217

G-119	673	GP-181	71	AC-243	567	A-303	74
G-120	626	A-182	574	A-244	237	A-304	90
G-121	502	A-183	320	A-245	309	M-305	264
G-122	399	AC-184	456	A-246	346	A-306	91
G-123	400	AC-185	457	M-247	134	M-307	265
G-124	645	AC-186	458	A-248	36	M-308	159
G-125	474	G-187	124	A-249	37	A-309	1
G-126	538	A-188	274	A-250	38	A-310	2
G-127	504	AC-189	336	A-251	39	A-311	23
G-128	505	A-190	202	A-252	369	A-312	50
G-129	539	G-191	10	K-253	268	A-313	51
G-130	496	G-192	11	A-254	279	P-314	13
G-131	598	AC-193	411	A-255	238	A-315	41
G-132	335	G-194	144	A-256	239	A-316	92
G-133	490	A-195	207	A-257	209	A-317	136
G-134	532	A-196	575	A-258	72	A-318	17
G-135	493	A-197	308	A-259	64	A-319	52
G-136	599	A-198	425	A-260	165	P-320	20
G-137	627	A-199	469	A-261	73	A-321	56
G-138	600	AC-200	224	A-262	317	A-322	93
G-139	513	AC-201	145	AC-263	301	A-323	66
G-140	475	AC-202	147	A-264	280	A-324	75
G-141	563	A-203	98	A-265	240	A-325	67
G-142	601	AC-204	148	A-266	281	A-326	211
G-143	549	A-205	162	A-267	310	A-327	47
G-144	550	AC-206	158	A-268	541	A-328	48
G-145	602	A-207	576	A-269	166	A-329	53
G-146	551	A-208	232	A-270	578	A-330	24
G-147	514	A-209	233	A-271	701	A-331	25
G-148	552	AC-210	261	A-272	282	A-332	26
G-149	674	A-211	118	A-273	321	GP-333	70
G-150	603	A-212	99	A-274	579	A-334	76
G-151	675	A-213	100	A-275	580	FZ-335	77
G-152	676	A-214	101	A-276	542	A-336	43
G-153	476	A-215	102	AC-277	460	A-337	44
G-154	697	A-216	103	A-278	283	P-338	7
G-155	477	A-217	104	A-279	307	P-339	14
G-156	397	A-218	105	A-280	210	A-340	27
A-157	337	A-219	106	AC-281	204	A-341	28
A-158	424	G-220	364	GP-282	408	A-342	59
A-159	338	A-221	163	A-283	284	A-343	60
A-160	339	AC-222	414	A-284		A-344	61
A-161	340	A-223	275	(= 657,		A-345	29
A-162	341	AC-224	149	doppelt erf.)6		A-346	54
A-163	271	A-225	276	A-285	167	A-347	78
A-164	342	AC-226	451	A-286	89	A-348	79
A-165	343	AC-227	150	A-287	65	A-349	107
A-166	117	A-228	277	A-288	347	A-350	80
A-167	318	A-229	278	A-289	348	A-351	543
A-168	272	A-230	234	A-290	422	AC-352	260
AC-169	454	A-231	58	AC-291	259	A-353	350
GP-170	453	AC-232	459	AC-292	225	A-354	702
A-171	370	AC-233	452	AC-293	461	A-355	168
A-172	344	AC-234	648	AC-294	130	A-356	285
A-173	319	A-235	63	A-295	349	AC-357	415
AC-174	300	A-236	235	AC-296	367	A-358	286
AC-175	455	A-237	236	A-297	241	A-359	116
A-176	345	AC-238	649	A-298	242	A-360	351
A-177	273	A-239	164	A-299	16	A-361	108
A-178	231	A-240	577	A-300	423	A-362	109
A-179	652	A-241	208	GP-301	203	A-363	110
A-180	206	GP-242	409	G-302	365	A-364	371

A-365	372	A-427	85	G-489	3	A-551	246
A-366	373	A-428	352	G-490	18	AC-552	416
GP-367	132	A-429	545	G-491	483	A-553	247
G-368	220	A-430	585	G-492	484	A-554	593
A-369	68	A-431	111	G-493	485	A-555	355
A-370	544	A-432	291	G-494	555	A-556	594
A-371	212	G-433	49	G-495	556	AC-557	463
A-372	137	G-434	122	G-496	518	A-558	40
A-373	30	G-435	123	G-497	253	AC-559	464
G-374	121	G-436	125	G-498	362	AC-560	564
G-375	677	G-437	221	G-499	69	AC-561	565
G-376	678	G-438	126	G-500	12	AC-562	647
AC-377	133	G-439	366	G-501	9	AC-563	646
A-378	311	G-440	679	G-502	5	AC-564	566
A-379	169	G-441	628	G-503	42	G-565	657
A-380	81	G-442	629	G-504	254	G-566	658
A-381	374	G-443	630	G-505	222	AC-567	146
A-382	243	G-444	478	G-506	31	AC-568	131
AC-383	462	G-445	479	G-507	32	G-569	681
M-384	316	G-446	515	G-508	33	G-570	656
AC-385	302	G-447	516	G-509	519	G-571	659
A-386	287	G-448	631	A-510	55	A-572	290
A-387	312	G-449	553	G-511	447	G-573	707
A-388	313	G-450	554	C-512	401	A-574	708
AC-389	228	G-451	680	AC-513	412	A-575	709
AC-390	700	G-452	480	A-514	547	A-576	710
C-391	257	G-453	488	A-515	325	A-577	711
AC-392	229	G-454	632	A-516	57	A-578	712
G-393	256	G-455	633	A-517	326	A-579	653
A-394	322	AC-456	258	A-518	327	A-580	654
A-395	213	G-457	506	G-519	444	A-581	655
A-396	375	G-458	194	AC-520	151	A-582	713
M-397	573	A-459	353	M-521	368	A-583	714
M-398	230	A-460	138	A-522	245	A-584	715
M-399	205	A-461	376	G-523	432	A-585	716
A-400	650	A-462	377	G-524	115	A-586	717
G-401	21	A-463	378	G-525	195	AC-587	417
TF-402	15	A-464	379	G-526	114	M-588	266
GP-403	34	A-465	380	A-527	86	A-589	88
A-404	581	A-466	381	A-528	87	G-590	197
A-405	582	A-467	546	AC-529	413	G-591	120
A-406	651	A-468	466	A-530	214	A-592	356
K-407	22	A-469	467	A-531	427	M-593	465
K-408	35	A-470	382	A-532	62	G-594	445
A-409	170	A-471	586	K-533	269	A-595	386
A-410	171	A-472	587	A-534	421	A-596	328
A-411	426	A-473	383	K-535	267	A-597	248
A-412	583	A-474	384	A-536	174	A-598	249
A-413	323	A-475	588	A-537	288	A-599	215
A-414	324	A-476	589	A-538	139	A-600	468
A-415	244	A-477	590	A-539	703	A-601	175
A-416	172	A-478	591	A-540	706	A-602	250
A-417	94	A-479	592	A-541	96	A-603	292
A-418	306	G-480	481	A-542	428	A-604	
A-419	82	G-481	517	A-543	354	(= 609),	
A-420	173	G-482	634	A-544	548	doppelt erf.)	314
L-421	718	G-483	482	A-545	385	A-605	293
A-422	83	G-484	184	AC-546	152	A-606	294
A-423	45	G-485	188	A-547	112	A-607	295
A-424	95	G-486	398	A-548	304	A-608	296
A-425	584	G-487	8	A-549	289	A-609	314
A-426	84	G-488	4	A-550	429	A-610	329

G-611	433	A-671	704
G-612	434	672	leer
G-613	389	673	leer
A-614	297	G-674	660
G-615	189	G-675	682
G-616	486	G-676	683
A-617	705	G-677	661
A-618	251	G-678	662
G-619	219	G-679	255
G-620	201	G-680	684
A-621	216	G-681	685
AC-622	418	G-682	686
C-623	410	A-683	330
M-624	450	684	leer
A-625	298	A-685	387
G-626	635	A-686	97
G-627	557	A-687	357
M-628	160	A-688	303
M-629	161	A-689	358
A-630	176	A-690	359
AC-631	153	A-691	331
A-632	177	A-692	360
A-633	113	A-693	270
M-634	135	A-694	46
A-635	178	A-695	388
AC-636	154	A-696	332
G-637	129	A-697	333
AC-638	155	A-698	334
A-639	179	A-699	226
A-640	180	A-700	305
A-641	181	AC-701	227
A-642	182	A-702	252
A-643	183	A-703	315
AC-644	156	G-704	663
G-645	143	G-705	664
AC-646	419	G-706	665
G-647	390	G-707	687
G-648	391	G-708	688
G-649	392	G-709	667
G-650	393	G-710	668
G-651	394	G-711	669
G-652	435	G-712	689
G-653	436	G-713	690
G-654	405	G-714	691
G-655	395	G-715	692
G-656	396	G-716	720
A-657		717	leer
(= 284,		718	leer
doppelt erf.)6		719	leer
G-658	437	720	leer
G-659	438	721	leer
G-660	406	G-722	535
G-661	439	G-723	693
G-662	440	G-724	694
G-663	487	G-725	719
G-664	441	G-726	695
AC-665	420	G-727	696
AC-666	157	728	leer
G-667	223	G-729	697
G-668	442	G-730	698
A-669	299		
G-670	491		